Zu Ihrer ersten Übersicht

Ausführliches Inhaltsverzeichnis

Willkommen in der Welt von Apple

Liebe Leserin, lieber Leser,
vielen Dank für Ihr Interesse an dieser Umsteigefibel! Dieses Buch zeigt Ihnen, wie Sie schnell und sicher von Ihrem Windows-PC auf den Mac wechseln und sich dort zurechtfinden. Etliche Hinweise, wie Sie Aufgaben aus der Windows-Welt auch auf dem Apple-Rechner meistern, garnieren die Lektüre. Ein Aspekt ist dabei, wie Sie Windows auch auf dem Mac installieren.

Mit Sicherheit die besten Perspektiven

Es gibt einige gute Gründe, um von Windows auf den Mac zu wechseln. Nachfolgend einige Schilderungen unserer bisherigen PC-Nutzer (wobei wir mit dem Stichwort »PC« immer den Windows-Rechner meinen):

- Der Windows-PC wird immer langsamer. Arbeitsspeicher, Grafikkarte und Festplatten halten nicht mehr Schritt mit den aktuellen Anforderungen. Oder die Geduld ist einfach am Ende …

- Stets muss man neue »kryptische« Befehle und unverständliche Fehlermeldungen auf dem PC kennenlernen. Ein äußerst zeitraubendes Unterfangen. Und wieso werden mir umständliche Vorgehensweisen – z. B. mit den Kacheln in Windows 8 – aufgezwungen, wenn ich doch nur meine Aufgaben am Rechner erledigen will?

- Die Apple-Geräte wie iPad, iPhone und iPod verrichten auch am PC klaglos ihren Dienst – aber warum klappt das nicht bei der Arbeit nur mit einem Windows-Rechner allein? Die Zeit des Ärgerns soll nun ein Ende haben.

Aber es gibt noch mehr gewichtige Gründe, um den Schritt endlich zu wagen: Windows-Software läuft auch auf dem Mac – ich muss also gar nicht der Windows-Welt »auf Nimmerwiedersehen« sagen. Falls ich z. B. auf eine etablierte, reine Windows-Software angewiesen bin, kann ich diese mittels der in *OS X Mavericks* integrierten Software *Boot Camp* auch auf meinem schicken Apple-Rechner laufen lassen.

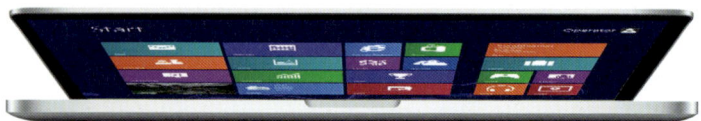

 Allerdings kommen Sie nicht umhin, eben doch eine einfache Windows-Software zu installieren. Um zu erfahren, wie das genau geht, klar: dafür ist diese Fibel da.

Viele Nutzer arbeiten seit Jahr und Tag mit typischen Büroprogrammen wie *Word, Excel, PowerPoint* und *Outlook*. Dieses Office-Paket gibt es auch als Mac-Version, sodass Sie weiterhin mit Ihrer gewohnten Textverarbeitung oder Tabellenkalkulation arbeiten können. Der Austausch der Daten verläuft problemlos. Daneben lockt der Mac auch mit zahlreichen anderen, bereits vorinstallierten Programmen, mit denen sich am Apple-Rechner sehr gut arbeiten lässt.

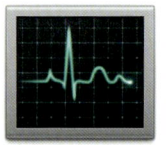 »Der Mac ist ungleich sicherer als ein Windows-Rechner«. Diese Behauptung hat weiterhin Bestand. Doch ist eines ebenso klar: Die »Fangemeinde« von Mac-Nutzern wächst – und zwar auf beiden Seiten: sowohl rasant seitens der Apple-Kunden wie auch zaghaft seitens der Virus-Programmierer. Im Vergleich gibt es aber nur selten auftretende Attacken auf den Mac – wohingegen die Windows-Rechner (und auch die Mobilsysteme unter *Android* von *Google)* unter konstanten Verseuchungs-Feldzügen leiden. Zudem hat Apple in seiner aktuellen Betriebssystem-Software intern (mit Detektoren) Vorsorge getroffen, um derlei Unwesen vorzubeugen.

Und damit sind wir auch schon bei der aktuellen Betriebssystem-Version *OS X Mavericks*, wobei dieser »Kunstname« stellvertretend für die System-Version 10.9 steht. Wer es genau wissen will: »Mavericks« ist ein amerikanischer Strand, an dem es sich besonders gut surfen lässt. »OS« steht für »Operating System«, also für Betriebssystem, und das römische »X« steht für die Hauptversion 10.

Mavericks basiert auf einem UNIX-Kern, wobei Sie nicht wissen müssen, was UNIX genau ist. Es entstammt der sogenannten Open Source-Bewegung, die sich mittels »offener Quellen« (so die wortwörtliche Übersetzung) dafür einsetzt, dass der Programmiercode auf Ihrem Rechner lizensiert und dennoch offen, also frei verfügbar ist. Auf diesem Weg kann eine Vielzahl von Programm-Entwicklern innerhalb und außerhalb von Apple dafür sorgen, dass Sie als Nutzer ein sichereres Betriebssystem nutzen.

Und da Sie nun die »Umsteigefibel« in den Händen halten, zeigen wir Ihnen auch die Vorzüge der »Datenwolke« namens *iCloud*, die Apple eingeführt hat. Der Vorteil für Sie: Alle Informationen, die Sie auf mehreren Geräten gleichzeitig wünschen, werden über diese »Cloud« (englisch für Wolke) hinter den Kulissen nahtlos miteinander abgeglichen. So können Sie etwa einen Brief auf dem iPad beginnen, am iPhone mit schönen Bildern ergänzen und am Mac dann verschicken – und das alles ohne großes technisches Know-how. Hierzu eine Kurzanleitung im Buch.

Was bringt Ihnen diese Umsteigefibel? – Über den Horizont geschaut

Beim Wechsel auf den Mac liegt uns eines ganz besonders am Herzen: Sie nicht mit allen nur denkbaren Details zu überfordern. Gerade wenn Sie den Windows-Rechner bislang nur »für den Hausgebrauch« eingesetzt haben und nun einen weiteren mutigen Schritt in Richtung Apple wagen, soll Sie diese Fibel kompetent (und auch ein wenig unterhaltsam) begleiten.

 Sie können – und zwar in Eigenregie – den Wechsel von Ihrem bisherigen Rechner erfolgreich hinter sich bringen. Dafür steht Ihnen der in *Mavericks* integrierte Migrationsassistent zur Seite.

Damit können Sie z. B. …

- Ihre Adressbuch-Einträge aus Windows nahtlos übertragen,
- die Mail-Adressen auf Ihren neuen Rechner portieren oder
- Text-Dokumente, Tabellen, Musik und Bilder mit zu Apple nehmen.

Aber wir dürfen hier auch gleich vorwarnen: Die Fibel hat in ihrem Bestreben, einen ersten Überblick zu bieten, auch einen Haken: Zusammen mit dieser Einstiegslektüre werden Sie nach und nach mehr wissen wollen, was in einer Fibel naturgemäß nicht in jeder Einzelheit ausgeleuchtet wird.

Für weitere ebenso anregende Hilfestellungen bietet Ihnen der *Mandl & Schwarz*-Verlag u.a. das »Grundlagenbuch zu OS X Mavericks« mit ca. 600 Seiten an. Das stabile Hardcover-Buch bekommen Sie im deutschsprachigen Buch- und Fachhandel für nur 39,90€. Mehr Infos gibt es auch hier: www.mandl-schwarz.com/14/mavericks/

Darüber hinaus bieten wir hilfreiche Lektüre für engagierte Digitalfotografen und Videofilmer (mit *iPhoto* und *iMovie* aus iLife von Apple), *Microsoft Office*-Nutzer und noch viel mehr. Ein Tipp: Schauen Sie doch einfach mal auf die Website des Verlages: www.mandl-schwarz.com. Wenn's eilig ist, können Sie die dort zu erwerbenden Werke auch als eBooks (PDF und/oder ePUB) gleich downloaden und lesen.

Wir selbst sind im Übrigen – trotz iPad, iPhone & Co. – immer noch Liebhaber des gedruckten Buches. Und wir versenden auch gern direkt aus Husum in alle nahen und fernen Länder. Ohne Extraaufwand für Sie. Bei einer Direktbestellung über unsere Website bekommen Sie Ihre Wunschlektüre (in Deutschland portofrei / im Ausland gegen einen geringen Obolus) direkt an die Haustür – verbunden mit einem kleinen, persönlichen Gruß von der Nordseeküste!

Für ein Feedback zur Fibel erreichen Sie uns auch per Mail *fibel@mandl-schwarz.de* Bitte haben Sie aber Verständnis, dass wir keinen technischen Einzelsupport leisten können.

Wir wünschen Ihnen eine anregende Lektüre!

Michael Schwarz & Daniel Mandl
Husum/Nordsee, im Februar 2014

Welcher Mac passt am besten zu mir?
Ein Überblick für Windows-Umsteiger

Ist der Wunsch erst einmal gereift, auf den Mac zu wechseln, so steht natürlich die Frage an, welcher Rechner am besten zu Ihnen passt. Natürlich kann Ihnen da »der freundliche Apple-Händler von nebenan« (der existiert mittlerweile flächendeckender als man vermutet) im Dialog am ehesten helfen. Geben Sie ihm diese Chance, sich Ihnen gegenüber persönlich zu beweisen – was auch einer Philosophie entspricht, sich nicht immer alles nur von Online-Händlern senden zu lassen.

Dennoch geben wir Ihnen hier einen kurzen Überblick, welche Bandbreite an Produkten Ihnen zur Verfügung steht. Zu den technischen Fachbegriffen selbst beschränken wir uns hier auf ein Minimum – diese Details finden Sie auch im persönlichen Angebot/Gespräch Ihres Händlers.

Die meisten Windows-Wechsler lassen sich entweder von einer »Alles in Einem«-Lösung faszinieren und wählen den iMac. Andere wollen hingegen mobil arbeiten; für diese ist wohl ein MacBook Pro/Air eine solide Möglichkeit, um von den Vorzügen eines Apple-Rechners auch unterwegs zu profitieren. Doch Schritt für Schritt:

Desktop – die leistungsstarken Tischrechner

iMac – der Klassiker mit »allem inklusive«

Nutzen Sie Ihren Computer eher daheim? Dann sollte es ggf. ein Schreibtisch-Rechner (Englisch: Desktop) wie der iMac sein. Der Vorteil: In diesem sind alle wichtigen Komponenten, die ein Computer so braucht, integriert. Das heißt, bereits hinter dem Bildschirm sitzt der Rechner selbst. Vorbei sind die Zeiten, bei denen Sie unter Ihrem Schreibtisch noch so ein »brummendes Ding« stehen hatten. Auch Web-Kamera und Lautsprecher finden sich im eleganten Design bereits integriert.

Tastatur und Maus werden mitgeliefert, wobei diese beiden sich schnurlos mit dem iMac verständigen. Diese Art der Kommunikation läuft über »Bluetooth« – ein Kunstname für eine weitverbreitete Funktechnik –, die auch in vielen anderen Handys / Geräten schlummert. iMac und Zubehör beziehen dann zwar keinen Strom mehr über ein Kabel, brauchen jedoch ihren eigenen Batterie-Vorrat nur recht sparsam auf.

Alternativ können Sie beim iMac-Kauf auch eine »althergebrachte« schnurgebundene Tastatur wählen. Der Vorteil: Diese hat einen Ziffernblock rechts neben den Buchstaben und bietet noch zwei weitere USB-Anschlüsse an, mit denen Sie eine Digitalkamera oder einen Datenträger wie einen USB-Stick leicht anstöpseln können.

Statt der Maus (die bei Apple grundsätzlich kabellos ist) können Sie auch ein sogenanntes »Trackpad« auswählen. Dieses kennen Sie vielleicht schon von Ihrem Windows-Laptop: Es ist die Bewegungsfläche unterhalb der Tastatur, auf der Sie mit den Fingern entlang wischen und streichen. Sollten Sie ein modernes Mobiltelefon oder ein iPad besitzen, brauchen wir diese Art der Bedienung ja gar nicht mehr erklären … Wie Sie damit umgehen und was das Trackpad in Zusammenarbeit mit *OS X Mavericks* so alles drauf hat, erfahren Sie etwas später in dieser Fibel.

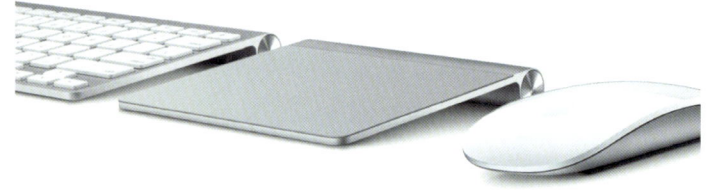

Den iMac gibt es aktuell in zwei verschiedenen Versionen mit einer Bildschirmdiagonale von 21,5- (knapp 55 cm) sowie 27-Zoll (69 Zentimetern), was mehr Unterschied ist, als es sich anhört. Auch das interne »Herz Ihres Rechners« – den Prozessor –, können Sie in unterschiedlichen Ausführungen wählen. Daneben ist noch die Größe des Arbeitsspeichers wichtig, zumal sich beim kleineren iMac-Modell der Arbeitsspeicher nicht selbst aufrüsten lässt.

Gleiches gilt auch für die »Festplatte«, die Apple gern als »Massenspeicher« bezeichnet: Ob es *Serial ATA, Fusion Drive* oder *Flash*-Speicher (was nichts mit der Software *Flash* zu tun hat, dazu gleich mehr) sein soll, erklärt Ihnen Ihr Händler. Mit steigendem – durchaus sinnvollem – Speicher-Bedarf wird es selten billiger …

 Jeder Mac ist natürlich WLAN-fähig (Apple spricht hier in einer eigenen Sprache manchmal stattdessen von »Wi-Fi«). Und Ihr Rechner kann SD-Karten, z. B. von Ihrer Digitalkamera, einlesen. Dazu später mehr …

Kommen wir zu den Eigenheiten von Apple: Die Firma will Ihnen nämlich das »Brennen« von Silberscheiben abgewöhnen. »Schuld« ist das schlankere Design der schon ab Ende 2012 ausgelieferten Macs, in die kein CD/DVD-Brenn-Laufwerk mehr hineinpasst … Das beruht auf einer Apple-Philosophie, aufgrund der man doch seine Daten am besten nur noch per Internet verschickt oder »streamt « (also im Netzwerk herum»strömen« lässt).

Was also tun? Apple bietet für derartige Fälle ein sogenanntes externes »USB SuperDrive«-Brennlaufwerk (ca. 80€) an. Es gibt jedoch auch schon DVD-Brenner für überschaubare 35€, die zwar nicht von Apple sind, aber ebenso ihren Zweck erfüllen (fragen Sie Ihren Händler). Der

Vorteil eines externen Laufwerkes ist weiterhin: Im Gegensatz zur früher eingesetzten internen Variante muss man bei Problemen mit dem Laufwerk (was zugegeben selten der Fall war) nicht den ganzen iMac einschicken. Sie bleiben also im Zweifel flexibler, auch wenn Apple selber da was eingespart hat …

Vielfach geht es bei einem Rechner gar nicht mehr um »mehr Speicher« oder »schnellere Prozessoren«, also um ein »Höher-Schneller-Weiter« … Die Aufgaben des heutigen Computerzeitalters liegen eher darin, die im Gerät bestehenden Energie- und Arbeits-Ressourcen optimal auszureizen. Auch ein intelligentes Daten-Management ist angesagt, was Apple mit seinem »Fusion Drive« (optional bestellbar) eindrucksvoll beweist. Hierbei landen häufig verwendete Programme und Daten auf einem schnellen *Flash*-Laufwerk, während der Rest auf einer »normalen« Festplatte auf Abruf bereit steht. Mehr dazu im Grundlagenbuch zu Mavericks von Daniel Mandl.

Mac Pro: ein Rechner »zum Abheben«

Wo wir über die aktuellen Desktop-Rechner sprechen: Es gibt auch eine »Überflieger-Mac«-Variante – den *Mac Pro*. Als »reines Arbeitstier« (nur als Rechner, ohne Bildschirm) steht er für Extrem-Ansprüche mit einer Rechenpower, die Sie fast bis zum Mond bringen könnte …

Dennoch liegen solcherlei »Mega-Rechner« im (überraschend kleinen) runden Turmgehäuse nicht nur für Windows-Wechsler, sondern auch für Apple-Nutzer meist weit über dem Horizont des Notwendigen.

Mac mini: die kleinste Alternative zum Kombinieren

Statt eines großen Desktop-Rechners können Sie auch eine »Keksdose« wählen. Schließlich braucht Software allein nicht sonderlich viel Platz: So kann das aktuelle Betriebssystem in einer von Apple vorgegebenen kleinen Box namens Mac mini betrieben werden. Diese flache »Dose« ist natürlich weitaus günstiger – und benötigt nur etwa 20 x 20 cm Stellfläche.

Aber auch hier kommt es auf das »Innenleben« an: Der Mac mini ist in verschiedenen Prozessor-Ausführungen zu haben. Wenn Sie z. B. ein ganzes Netzwerk von Rechnern aufbauen wollen, gibt es eine fortgeschrittene, sogenannte »Server«-Variante – von der aus man eben Daten an verschiedene Computer im heimischen oder Büro-Netz »serviert«.

Interessant ist der Mac mini für alle, die bereits »Unsummen« in einen Bildschirm auf ihrem Schreibtisch investiert haben, den sie auch gern weiterhin nutzen wollen. Die weiteren Komponenten wie Tastatur & Co. sind dann zusätzlich zu erwerben.

Zu den Schnittstellen – den »Steckplätzen« an diesem Kleinstrechner – ist noch zu erwähnen, dass sich über den Mac mini auch eine Verbindung zum Fernseher knüpfen lässt (ein Stichwort ist »HDMI«, sofern Sie dies schon von Ihrem TV-Gerät kennen). Ansonsten gibt es hier auch für alle anderen Geräte eine Zusatzbox namens *Apple TV*; hierzu verrät Ihnen aber der Händler (oder das aktuelle *iTunes*-Buch von Daniel Mandl) mehr.

Sollten Sie gern am Rechner grafiklastige Spiele spielen, so funktioniert das am Mac mini nur in Grenzen – dafür sind iMac und das im Folgenden vorgestellte MacBook Pro besser geeignet.

Lust auf Laptop – der Mac für unterwegs

MacBook Pro / Air – schick & schnell

Viele nutzen ihren Mac vorwiegend daheim. Doch oftmals wird auch hier der Standort zwischen Gartenlaube und Schreibtisch, Hobbykeller und Wohnzimmer-Couch gewechselt. Wer hierfür kein iPad hat, der nutzt gern die Laptop-Ausführung von Apple. Natürlich ist z. B. das MacBook Pro (»Pro« steht für professionell) auch für den Einsatz unterwegs im Zug, Flugzeug oder Hotel ein idealer Begleiter.

Bei den Apple-Laptops können Sie generell zwischen zwei Produktlinien wählen: das etwas kompaktere MacBook Pro und das auf das Notwendigste beschränkte, aber dafür superleichte MacBook Air. Und auch hier gibt es wieder verschiedene Ausführungen, was Bildschirmgröße und Prozessor-Geschwindigkeit (je nach Nutzungsanspruch) angeht.

Allen Mobil-Macs gemein ist aber generell eine umfangreiche Ausstattung mit recht guter Leistungskapazität und überzeugender Akku-Laufzeit. Auch bei den MacBook Pro-Laptops wird mittlerweile auf ein DVD-Laufwerk verzichtet – bei der leichten Air-Ausführung was das schon immer so.

Wenn es also ein »Kompromiss« zwischen iMac und Laptop sein soll: Es ist durchaus eine Alternative, Ihrem MacBook Pro daheim am Schreibtisch einen großen externen Bildschirm (oder auch zwei …) zu spendieren, was ohne Probleme möglich ist. Apple bietet hierzu die eingebaute Schnittstelle mit der Bezeichnung »Thunderbolt« an.

Über diese *Thunderbolt*-Steckverbindung lassen sich externe Speichermedien (z. B. schnelle Festplatten) oder ein schickes Display (etwa das *Apple Thunderbolt Display*) anschließen. Die mobilen Rechner beziehen hierüber sogar den Strom, sodass sich die Anzahl der Mehrfach-Steckdosenleisten am Schreibtisch reduzieren lässt. (»Wieder ein Staubfänger weniger …«)

Die ganze mobile Riege an Apple-Geräten wie iPad Air/mini oder das iPhone 5s/5c lassen wir hier noch einmal außen vor. Gerade das iPad als sogenannter Tablet-Rechner macht mehr und mehr den Desktop-Modellen Konkurrenz. Wer mehr dazu wissen will, dem sei durchaus das Praxisbuch zum iPad bzw. iPhone von Daniel Mandl (gewissermaßen als »Rundum-Versorgung« von uns für Sie …) empfohlen.

Sinnvolles Zubehör für Ihren Mac – eine Liste

Nun wollen Sie einen Apple-Rechner (Desktop oder Notebook) erstehen – was eine wirklich gute Investition darstellt. Doch nur zu schnell können Sie darüber hinaus Geld mit etlichem »Klimbim« verlieren, der nicht immer sinnvoll ist. Nachfolgend eine kurze Aufstellung von lohnenswertem wie weniger notwendigem Zubehör.

- Seien Sie sich sicher: Wenn Sie einen Mac kaufen – egal, in welcher Ausführung –, haben Sie die Computersorgen meist vom Tisch. Dennoch sollten Sie die Frage im Handel, ob es denn zum iMac beispielsweise auch eine »Erweiterte Garantie« in Form eines sogenannten AppleCare-Paketes sein darf, erst einmal abwiegeln.

Zum einen können Sie sich dieses auch innerhalb einer gewissen Frist nach Kauf zulegen. Zum anderen gilt zumindest in Deutschland eigentlich die bis dato recht kundenfreundliche Gewährleistung (die aber nicht mit der Garantie zu verwechseln ist). Diesbezüglich klopft auch die EU regelmäßig Apple auf die Finger – wenigstens eine gute Nachricht aus Brüssel …

- Was auf keinen Fall fehlen sollte und als Sicherheitslösung immer wichtig ist, ist eine externe Festplatte, auf der Sie Ihre Daten an separater Stelle abspeichern. Beim Mac-Händler ist diese meist schon für die Apple-Welt kompatibel aufbereitet. Für den (allerdings höchst seltenen) Fall, dass der Mac unerwartet seinen Geist aufgibt, haben Sie alle Daten auf dieser Festplatte meist im aktuellen Status verwahrt.

Die dafür notwendige Kopie all Ihrer Daten wird zuerst einmal vollständig erstellt, danach läuft sie unbemerkt im Hintergrund weiter. Nachdem externe Festplatten für weniger als 100€ angeboten werden, ist diese Art von »Backup« (also Zweitkopie) wirklich ein Muss.

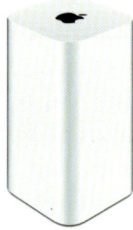 Hierzu gibt es auch eine Apple-eigene Lösung namens *AirPort Time Capsule*. Diese verbindet dabei mehrere Funktionen in einem Gerät: externe Festplatte zur drahtlosen Datenspeicherung, WLAN-Basisstation zum Einrichten eines Drahtlos-Netzwerks zu anderen Geräten wie z. B. Ihren Drucker. Die »Capsule« als kleiner weißer Geräte-Turm schmückt zwar Ihre »Design-Sammlung«. Dennoch raten wir eher, diese Option zunächst (nur) im Hinterkopf zu behalten: »Upgraden« (also weitere Investitionen tätigen) können Sie schließlich später immer noch …

- In manchen Dingen sind wir doch recht konservativ: Aber eine Sicherheits-Steckdosenleiste mit Überspannungsschutz (am besten mit zahlreichen Steckdosen) sollte immer zwischen Ihrer wertvollen Neuanschaffung und der »wilden Welt da draußen« vorhanden sein. Und wenn Sie mal länger außer Haus sind, können Sie nach Herunterfahren aller Geräte über den An/Aus-Schalter Ihrer Steckdosenleiste sicherstellen, dass nicht doch noch irgendein Computerteil weiterhin Strom zieht (der wird ja auch immer teurer).

- Zu den eigentlichen Mac-Programmen kommen wir später noch im Detail: Falls Sie jedoch eine Windows-Anwendung auf Ihrem Rechner laufen lassen möchten, benötigen Sie (leider) ein *Windows 7-* oder *8-*Betriebssystem.

- 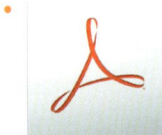 Definitiv verzichten können Sie auf ein PDF-Erstellungsprogramm wie *Acrobat* von Adobe, denn auch diese frohe Botschaft sei verkündet: PDF-Dokumente können Sie am Mac aus nahezu jedem Programm ohne große Zusatz-Software erstellen, indem Sie den Druckbefehl erteilen und im dann erscheinenden Fenster die Option *Als PDF sichern* wählen. So einfach ist das Leben manchmal.

- Ferner empfiehlt es sich durchaus, ob Sie als ehemaliger Windows-Anwender nicht doch das günstige *Office*-Programm von *Microsoft* (zumindest als Home-Version mit *Word, Excel* und *PowerPoint)* kaufen; oftmals gibt es hier beim Händler sogenannte »Bundle«-/Paket-Angebote (achten Sie darauf, ob die Preise – als Download-Version – nur für das Nutzungsjahr oder unbegrenzt gelten). Dazu etwas später mehr.

-  Und auch dies sei gesagt: Sofern Sie kein Windows auf Ihrem Mac benötigen, brauchen Sie – zumindest zum aktuellen Zeitpunkt – keine Antiviren-Software. Mancher Hersteller wirbt da so dramatisch wie »Der 11. September für Ihren Rechner« – je bedrohlicher, desto unglaubwürdiger. Wenn Sie Windows auf dem Mac einsetzen, ist natürlich ein Windows-Virenschutz angeraten – dafür aber gibt es kostenfreie Antiviren-Programme, die wir Ihnen in dieser Fibel vorstellen. Viel wichtiger ist es, auf Ihrem Apple-Rechner bei einer bestehenden Internet-Verbindung (vorzugsweise per Breitband/DSL) der eingebauten *Softwareaktualisierung* zu folgen. Wie das geht, erklären wir später.

Von Windows kennen Sie die vielleicht nervige Meldung »Es sind Updates verfügbar« – ähnlich, aber ungleich eleganter, wird Ihr Mac-Rechner über diesen Service auf dem aktuellen (sichereren) Stand gehalten.

Zum Schluss dieser Übersicht müssen wir Sie doch mit ein wenig Computer-Kauderwelsch konfrontieren: Es gibt auf einem Rechner (egal ob PC oder Mac) zwei Arten des kurz schon einmal erwähnten *Java*-Programms:

- *JavaScript* (locker gesagt: das »sind die Guten«, bislang zumindest), welches dafür sorgt, dass Internet-Seiten multimedial ausgereizt werden können. Dieses ist standardmäßig bei Ihnen aktiviert.

- *Java,* das leider keinen guten Ruf hat, da es vielfach auf Windows-Rechnern Schad-Software – teils sogar mit Erpressungsversuchen a la »Überweisen Sie jetzt« – installiert hat. Zum Ärger der Nutzer. Auf dem Mac läuft diese Funktion standardmäßig nicht (mehr). Falls irgendjemand im Internet darum bittet, diese doch zu installieren, überlegen Sie sich das bitte mehrfach.

Zuletzt gibt es noch die – Ihnen vielleicht von Windows bekannte – Software *Flash-Player,* die z. B. im Internet die Werbeflächen animiert. Auch diese Software hat Apple »auf dem Kieker«, sprich: Der *Flash-Player* oder auch kurz genannt *Flash* zieht viel Energie und ist auch (in Ausnahmefällen) nicht immer zu 100 % kontrollierbar. Daher wirken beim Besuch der Internet-Seiten viele Werbeflächen (von Apple so gewünscht) wie »eingefroren«. Erst mit Klick auf eine animierte Fläche startet die *Flash*-Animation. Dazu später mehr.

 Wie Sie *Flash* aktuell halten und warum Sie bald noch einen neuen Begriff (und zwar *HTML5* als Nachfolger von *Flash*) lernen »dürfen«, zeigen wir Ihnen ebenso später. Nur so viel: *HTML5* soll all das, was sich derzeit im Internet nur via *Flash* betrachten lässt, auf eine gefahrlosere Art und Weise darstellen.

Nach dieser kleinen Tour d'Horizon schauen wir uns auf den nächsten Seiten einmal genauer an, was am Mac so alles dran ist. Schließlich will Ihr »digitaler Lebens-Begleiter« auch ordentlich kennengelernt werden. Dazu kommen die gerade am Anfang auftauchenden Fragen, was alles von den bisherigen externen Geräten noch zusammen mit Ihrem neuen Mac funktioniert. Los geht's …

Was ist drin und dran am Mac? USB und Thunderbolt – dazu Maus- und Tasten-Tipps

Bevor wir nun loslegen, schauen wir uns noch einmal alle Anschlüsse an und zeigen, wofür sich diese eignen. Dabei klärt sich auch die ein oder andere Frage, wo die weiteren im PC-Haushalt befindlichen Geräte wie der Drucker, eine Digitalkamera und weitere Geräte angestöpselt werden. Die gute Nachricht: Die meisten Geräte – so sie denn halbwegs neu sind – lassen sich problemlos umstecken und gleich auch am Mac betreiben.

Darüber hinaus erfahren Sie hier mehr über die Bedienungsarten von Maus oder Trackpad – nicht umsonst hat Apple diesen Geräten jeweils ein »Magic« als Vornamen gegeben, also *Magic Mouse* oder *Magic Trackpad*. Lassen wir den Zauber auf uns wirken …

Anschluss am Mac – USB, Thunderbolt & Co.

Egal, ob iMac, MacBook Pro oder ein anderes Apple-Gerät – den Stromstecker und den An-Knopf finden Sie leicht. Aber dann gibt es ja auch noch jede Menge andere Steckplätze, die sich auf der Rückseite (Desktop) oder an den Seiten (Laptop) befinden. Dabei sind die Symbole an den Anschlüssen eher minimalisiert, sodass wir deren Symbole von links nach rechts in der folgenden Abbildung stark vergrößert haben.

- Der Kopfhörer-Anschluss ganz links ist nahezu selbsterklärend. Obwohl der Mac bereits Lautsprecher (ebenso wie ein Mikrofon) besitzt, lassen sich dennoch hierüber weitere Boxen oder eben Kopfhörer anstöpseln.

- Daneben findet sich der Schlitz für eine Speicherkarte, wie sie handelsüblich in jeder Digitalkamera enthalten ist. Etwas Akrobatik beim Einstecken der Karte auf der iMac-Rückseite soll wohl – wenn wir es mit

Humor nehmen – zum persönlichen Gesundheitsprogramm gehören. Da ging wohl Design vor Alltagspraxis …

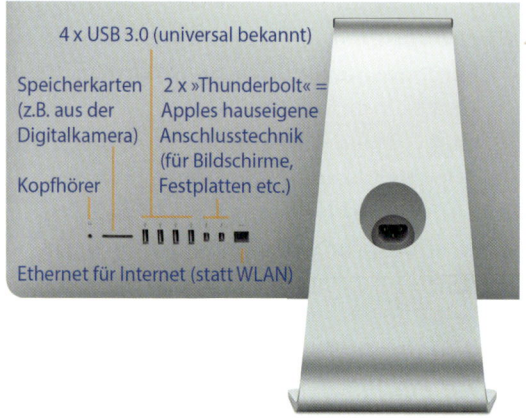

4 x USB 3.0 (universal bekannt)

Speicherkarten (z.B. aus der Digitalkamera)

2 x »Thunderbolt« = Apples hauseigene Anschlusstechnik (für Bildschirme, Festplatten etc.)

Kopfhörer

Ethernet für Internet (statt WLAN)

• Das Symbol mit dem »Bäumchen« steht für die USB-Schnittstelle. Sie kennen dies vielleicht von Ihrem Speicherstick oder anderen Anschlüssen an Ihrem bisherigen Windows-PC. Apple unterstützt die aktuelle Version USB 3.0, wobei – wie zu hören war – neue, externe USB 3-Geräte bitte »etwas weiter entfernt« vom Mac-Gerät aufgestellt werden sollen, um die Funkverbindung mit Tastatur und Maus nicht zu stören. Am iMac ist dieser USB-Anschluss gleich viermal vorhanden – denn schließlich stecken Sie hier z. B. auch iPhone und iPad, Drucker, Kamera per USB, Festplatten oder andere Peripheriegeräte an.

> **Vielleicht auch deswegen sollten Sie bei der Anschaffung überlegen, doch auf die schnurgebundene Tastatur-Version zurückzugreifen. Schließlich bieten sich dann auf der Tastatur-Rückseite zwei weitere Anschlussoptionen (allerdings nur USB 2 – etwa für USB-Sticks) an, sodass Sie dann über insgesamt sechs USB-Anschlüsse am Mac verfügen.**

• Nun folgt Apples Technik mit der naturgewaltigen Bezeichnung »Donnerschlag-Blitz« / *Thunderbolt*. Der Clou: Hierüber können Sie nicht nur Daten übertragen, sondern Geräte mit Strom versorgen. Apple will also insgesamt den ausufernden Kabelsalat eindämmen. Das ist ja auch recht nett; nur soll der Kunde dann auch wieder neue Kabel kaufen – und das Geld verdient Apple. Warten wir ab, ob sich diese Technik durchsetzt.

- Gleich daneben am iMac findet sich der Ihnen vielleicht schon altbe-kannte *Ethernet*-Anschluss (sprich: »Isernet«). Hierüber verbinden Sie Ihr Apple-Gerät mit dem Internet, sofern Sie keine WLAN-Verbindung wünschen.

Am MacBook wurde der kabelgebundene Internet-Zugang wohl wieder aus Apple-philosophischen Gründen weggelassen (á la »Wenn schon Laptop, wieso dann Kabel?«). Gut, die WLAN-Lösung ist für die meisten leicht um-setzbar. Wer zusätzlich einen *Ethernet*-Kabelanschluss benötigt, muss dies über einen (zu erwerbenden) Adapter per *Thunderbolt* regeln …

HDMI (für TV-Anschluss)
»Magsafe« = Stromanschluss
Thunderbolt (optional mit
Adapter für Ethernet)
Speicher-
karten
Kopfhörer

rechts und links jeweils USB 3.0

 Apples MacBook-Modelle (Pro/Air) sind unterschiedlich »üppig« mit Anschlüssen ausgestattet. So verfügt das Modell »Air« nur in der größeren Variante über einen Speicherkarten-Schlitz.

- Am MacBook Pro sehen Sie in der Abbildung neben dem Schlitz für die Speicherkarte auch die schon kurz erwähnte HDMI-Schnittstelle. Das führt zwar über die Umsteigefibel etwas hinaus: Aber zusammen mit einem passenden HDMI-Kabel können Sie so einen neueren Flachbild-fernseher mit entsprechender Schnittstelle ebenso als Monitor nutzen. Gleiches klappt im Übrigen auch drahtlos via *AirPlay* sowie *Apple TV*. Weitere Details finden Sie in unserem *iTunes*-Buch von Daniel Mandl.

- Alle Apple-Geräte mit Display verfügen mittig oberhalb des Bildschirms über eine integrierte Webcam. Ist diese am Mac in Betrieb (z. B. für *FaceTime* oder *Skype*), so leuchtet daneben eine kleine Diode.

Spätestens dann sollten Sie ein Lächeln auf den Lippen haben. Umsichtige Nutzer kleben ein Post-it über die Kamera – verursacht durch die tagtägliche Lektüre, was NSA & Co. schon wieder alles an vertrauenszerstörenden Maßnahmen in petto haben. Zu *FaceTime* etwas später mehr.

Drucker, Scanner, Digitalkamera – Zusatzgeräte weiterhin praktisch einsetzbar

Muss denn der »Geräte-Park« um den Rechner herum ebenso mit erneuert werden? Das fängt schon bei der Computermaus an, die Ihnen unter Windows so gute Dienste geleistet hat.

Die gute Nachricht lautet: Die meisten, halbwegs modernen Computermäuse sind auch am Mac nutzbar. Wir sagen dies aber mit gemischten Gefühlen: Schließlich sollten Sie, wenn Sie denn schon »den Sprung ins kalte Wasser wagen«, sich auch auf die mitgelieferten Apple-Eingabegeräte einlassen – selbst wenn es sich am Anfang etwas komisch anfühlt. Der Gewöhnungseffekt tritt schnell ein.

Im Zweifel schauen Sie bitte auch auf die Hersteller-Website Ihrer Maus (wie z. B. *Logitech),* ob beim jeweiligen Produkt eine Mac-Unterstützung angeboten wird (etwa zur Konfiguration der Zusatztasten). Zur *Magic Mouse* oder zum *Magic Trackpad* folgt hier eine Kurzanleitung.

Etwas später in dieser Fibel zeigen wir Ihnen, wie Sie den Rechner personalisieren, also nach dem ersten Einschalten auf Ihre Bedürfnisse hin einrichten. Dennoch sei – selbst wenn wir nun etwas vorgreifen – dies verraten:

Sobald Sie den Drucker – meist über das USB-Kabel (bei neueren Geräten teils auch schnurlos) – an den Mac anschließen und einschalten, rufen Sie in den *Systemeinstellungen* (unter Windows *Systemsteuerung* genannt) den Punkt *Drucken & Scannen* auf. Dort findet sich im linken Bereich ein kleines Plus-Symbol, auf das Sie bitte klicken. Im sich aufklappenden Menü finden Sie dann bestenfalls erste Hinweise auf *Drucker in der Nähe*. In unserer Abbildung wird z. B. der Hausdrucker unten links in der Liste vorgeschlagen. Klicken Sie also darauf.

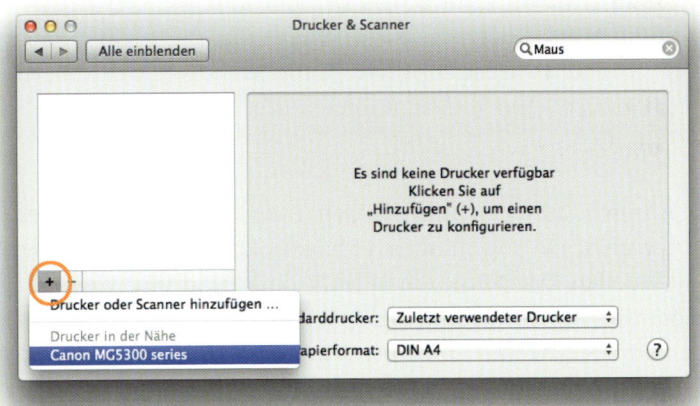

Nun heißt es die zugehörigen »Treiber« für Ihren Drucker zu laden. Im Gegensatz zu Windows müssen Sie sich bei gängigen Druckermodellen um nichts kümmern, denn das übernimmt das Betriebssystem *Mavericks*

für Sie, indem es nach Ihrer Auswahl per Klick die entsprechende Software herunterlädt und auch gleich installiert. Danach ist der Drucker startklar für den Büroalltag.

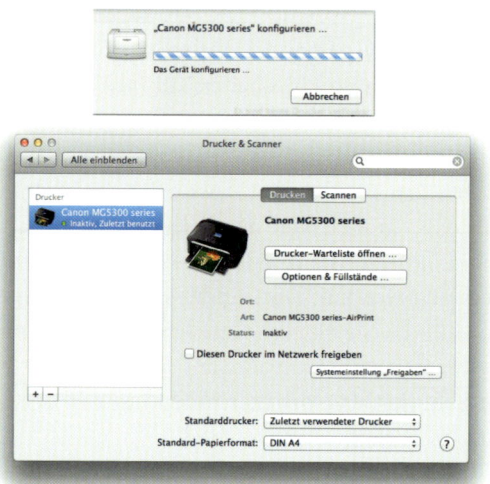

Meist wird dann auch am unteren Rand Ihres Bildschirms ein Symbol abgelegt, über das Sie Ihre Druckvorgänge überwachen können – im Bild sind aktuell drei Druckbefehle in Vorbereitung.

Ähnlich lässt sich auch ein separater Scanner installieren, falls Sie nicht ein sogenanntes »Multifunktions-Gerät« besitzen. Bei aktuellen Druckern, die WLAN fähig sind und vielleicht noch dazu über die *AirPrint*-Technologie verfügen, können Sie zudem Druckbefehle vom Mac-Rechner bzw. per iPad, iPhone oder iPod touch kabellos per Funk verschicken. Hierzu müssen Sie aber oftmals weitere Software direkt von der Hersteller-Website herunterladen.

Für Digitalkamera und/oder Camcorder gibt es mehrere Wege, diese an den Rechner anzuschließen. Meist liegt jedoch irgendwo im Kamera-Karton noch ein USB-Kabel, über das Sie Ihre Bilder oder Videos auf den Mac übertragen können. Das wäre eine erste Option.

Alternativ sichern Digitalkamera oder Camcorder die Daten meist auf einer Speicherkarte (etwa einer »SD-Karte«, wobei das »SD« für *Secure Digital* / »Sichere digitale« Speicherkarte steht). Für diesen Kartentyp steht bei aktuellen Macs ein internes Kartenlesegerät zur Verfügung.

Sollte Ihre Kamera eine andere Art von Speicherkarte nutzen, kein Problem: Im normalen Elektronik-Fachhandel können Sie einen »Card-Reader« für überschaubare 10€ kaufen, der sich mittels USB-Stecker mit Ihrem Mac verbinden lässt.

Und auch dies sei schon verraten: Auf dem Mac sind weitere kostenlose Programme wie das Programm *iPhoto* (digitale Bilder) und *iMovie* (Videofilme) vorinstalliert.

Für den Anfang gibt es aber eine ganz einfache Lösung: Gerade für Fotos aus der Kamera oder Dokumente aus dem Scanner lässt sich prima das auf dem Mac befindliche Programm *Digitale Bilder* nutzen. Programme starten Sie am Mac, indem Sie links unten über das Dock auf das *Launchpad*-Icon (die silbergraue Rakete) klicken. Anschließend klicken Sie auf den Ordner *Andere* und nachfolgend auf das *Digitale Bilder*-Symbol. Alternativ können Sie auch nach Aufruf des *Launchpads* einfach die beiden Buchstaben »Di« tippen – wobei Sie ebenso auf das Programm *Digitale Bilder* stoßen. Auf das Thema »Programme« gehen wir später noch ausführlich ein.

Sobald *Digitale Bilder* geöffnet ist, taucht die externe Speicherkarte automatisch auf: Links sollte diese unter *Geräte* aufgeführt sein, klicken Sie einmal darauf. Nun können Sie dort Ihre Bilder importieren.

Neben dem Import von Bildern lässt sich darüber auch das Einscannen von Papier-Unterlagen erledigen. Zum Digitalisieren brauchen Sie natürlich auch ein entsprechendes Gerät – etwa ein Multifunktionsgerät zum Drucken, Kopieren und auch Scannen, wie wir es schon angesprochen haben. Der Scanner ist dort unter *Geräte* abrufbar. Im Zweifel wird dann die Scan-Funktion als Software nachgeladen – Sie können also die entsprechende Nachfrage an Ihrem Mac wie im Bild beschrieben mit Klick auf *Installieren* bestätigen.

Nachdem die Drucker-Softwareaktualisierung geladen ist, lassen sich vom Scanner / Multifunktionsgerät Ihre Bilder auf den Rechner abspeichern.

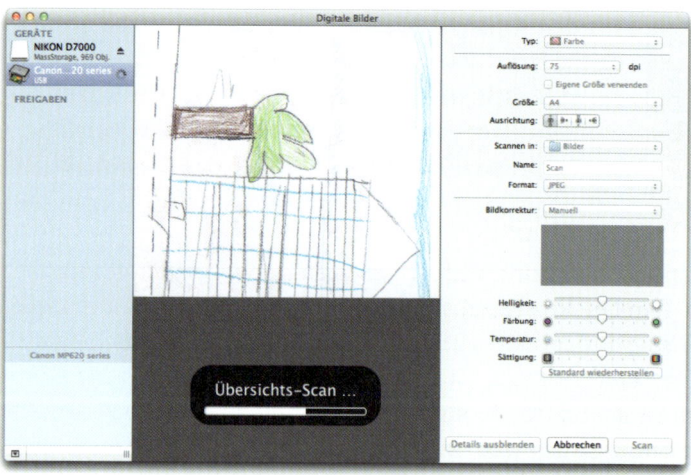

Diese digitalisierten Papierdokumente können Sie dann auch als Mail-Anhang mit Freundeskreis oder Geschäftspartnern teilen.

Auf diesem Weg lassen sich auch ausgefüllte Formulare einscannen und als PDF per Mail versenden. So können Sie vielleicht sogar Ihr altes Faxgerät schrittweise entsorgen, auch wenn eine Mail nicht die rechtliche Wirkung wie ein Fax hat. Im Notfall hilft dann doch wieder die Post (sofern es nicht dringend ist). Oder eine Bestätigung von Ihrem Korrespondenz-Partner, dass alles so ok ist. Eine digitale Faxnummer, über die dann ebenso die Faxe an Ihre Mail weitergeleitet werden, bekommen Sie ja bei fast allen Internet-Providern. Fragen Sie danach.

Kurzanleitung für Maus- und Tasten-Akrobaten

Vor dem Mac-Bildschirm liegen ja eine stylische Tastatur sowie Maus oder Trackpad, die Ihnen Apple mitliefert. Für Windows-Wechsler besonders interessant ist mit Sicherheit die Frage nach dem Rechtsklick. Ganz einfach: Auf der *Magic Mouse* klicken Sie einfach rechts, auf dem *Magic Trackpad* tippen Sie mit zwei Fingern – und schon steht das Kontextmenü parat.

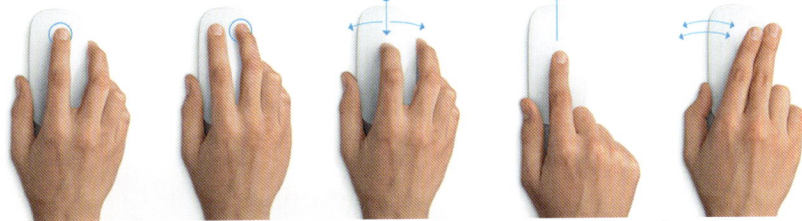

Auch wenn wir dem nachfolgenden Kapitel jetzt etwas vorgreifen: Die Einstellungen zur *Magic Mouse* sowie zum *Magic Trackpad* finden Sie in den *Systemeinstellungen* unter der Rubrik *Maus* bzw. *Trackpad*. Schauen Sie dort einmal vorbei: Über kleine Filmchen werden Ihnen die zur Verfügung stehenden Klick- und Wisch-Möglichkeiten demonstriert (die Sie dort nach Belieben anpassen können).

Die Bedienung per Oberfläche (statt schnöder Maus-Tastatur) bietet Ihnen viele Optionen: So können Sie z. B. auf dem *Magic Trackpad* mit ein, zwei oder noch mehr Fingern etliche »Akrobatik-Übungen« veranstalten, indem Sie etwa so am Bildschirm die vorhanden Objekte »wegwischen«, drehen, vergrößern und verkleinern: Wie das geht, zeigen wir Ihnen in dieser kleinen Übersicht. Sofern Sie bereits ein Smartphone oder iPad nutzen, kommen Ihnen einige Gesten mit Sicherheit schon bekannt vor.

Mit einem Finger

Mit 1 Finger klicken
(sh. Systemeinstellung)

… einfach klicken: Da das *Magic Trackpad* meist die Maus ersetzt (bzw. mittelfristig ersetzen soll; manche haben ja auch noch ihre alte Maus übergangsweise angeschlossen), können Sie auf dem *Trackpad* mit nur einem Fingertipp auch etwas »anklicken«. Achten Sie aber darauf, dass in den *Systemeinstellungen* (die wir später detaillierter erklären) im Bereich *Trackpad* (in der Rubrik *Zeigen und Klicken)* die Option *Klick durch Tippen* aktiviert wurde.

Mit zwei Fingern …

- doppelt tippen: Wenn Sie in PDF-Dokumenten oder beispielsweise im Internet-Browser *Safari* (dazu später mehr) etwas genauer bzw. größer sehen wollen, bewegen Sie den Mauszeiger auf die gewünschte Stelle und tippen Sie mit zwei Fingern doppelt drauf.

- wischen: Beinhaltet ein geöffnetes Dokument mehrere Seiten oder sind Sie bereits im Internet etwas herumgesurft, dann können Sie mit zwei Fingern vor und zurück »blättern«.

Mit 2 Fingern … - doppelt tippen - wischen - spreizen oder verengen

- spreizen oder verengen: Neben dem vorhin erwähnten Doppeltipp können Sie mit zwei Fingern (etwa Daumen und Zeigefinger) z. B. eine Bilder-Ansicht vergrößern oder verkleinern.

Mit drei bzw. vier Fingern …

- aufwärts wischen: Mit drei gleichzeitig nach oben bewegten Fingern rufen Sie eine Übersicht über alle gerade geöffneten Programme auf. Man nennt diese Programme auch »Apps«, von »Applikationen / Anwendungen«. Diese Art Übersicht nennt sich in *OS X Mavericks* dann *Mission Control* – mit einem Mausklick oder Fingertipp auf die gewünschte Anwendung holen Sie diese in den Vordergrund (oder Sie wischen wieder abwärts, um zum Ausgangspunkt zurückzukehren). Sofern Sie in der Rubrk *Zeigen und Klicken* die Option *Mit drei Fingern bewegen* aktiviert haben, erfolgt die *Mission Control*-Anzeige über das Wischen mit vier Fingern nach oben.

- doppelt tippen: Das brauchen Sie am Anfang eigentlich weniger: Aber wenn Sie in einer geöffneten Anwendung ein Wort mit drei Fingern doppelt antippen, so bekommen Sie aus dem OS X-eigenen Wörterbuch eine Zusatz-Erklärung.

Mit 3 Fingern …
- aufwärts wischen   - doppelt tippen   - seitwärts wischen

- seitwärts wischen: Sobald Sie mit drei Fingern nach rechts oder links wischen, wechseln Sie zwischen verschiedenen Anwendungen im Vollbildmodus oder Haupt-Anwendungsbereichen *(Spaces)* Ihres Macs. Auch hier gilt wieder: Wenn Sie in der Rubrk *Zeigen und Klicken* die Option *Mit drei Fingern bewegen* aktiviert haben, erfolgt der Wechsel zwischen Vollbild-Anwendungen mit vier Fingern.

Mit Daumen und den drei Mittelfingern …

- einen kleinen »Kreis« auseinanderziehen schiebt die aktuell laufenden Programme bzw. deren geöffnete Dokumente/Fenster aus dem Blickfeld. So können Sie sofort auf den Bildschirm-Hintergrund »hindurchschauen« – sehr praktisch! Wenn man mit der gleichen Handbewegung auch die heimische Wohnung so aufräumen könnte (»mit einem Wisch alles weg«), würde Apple von uns den »ganz großen Preis« bekommen …

Mit 4 Fingern …   - oder umgekehrt kleinen
- großen »Kreis« zusammenziehen   »Kreis« auseinander ziehen

- symbolisch einen großen »Kreis« zusammenziehen: Früher mussten Sie auf Windows immer die Programme suchen, indem Sie eine Verknüpfung auf dem Desktop anklickten oder sich umständlich durch Menüs hindurch hangelten. *OS X Mavericks* macht es Ihnen da leichter: Denn mit dieser Bewegung rufen Sie das bereits erwähnte *Launchpad* auf – eine Sonder-Ebene, die Ihnen alle auf Ihrem Mac befindlichen Programme anzeigt und die Sie mit nur einem Klick starten können. Meist gibt es dabei mehr Programm-Symbole, als insgesamt auf eine Seite passen. Wischen / Blättern Sie dann mit zwei Fingern nach links, um noch mehr Symbole zum Anklicken zu sehen. Zurück kommen Sie mit der gegenläufigen Finger-Bewegung auf Ihrem Trackpad.

Wenn Sie zumindest einige der erwähnten Trackpad /Maus-Bewegungen verinnerlichen, werden Sie schnell merken, wie intuitiv eigentlich so ein Computer zu bedienen ist. Letztlich muss man sich aber erst einmal auf etwas Neues einlassen.

Meine Windows-»Lieblingstasten« (und typische Tasten-Irrtümer auf dem Mac)

Darüber hinaus können Sie aus Windows-Zeiten bekannte Tastenkombinationen auch auf dem Mac anwenden. Einzige Änderung: Die auf dem PC bekannte Taste »Steuerung« *(Strg)* trägt bei Apple den Namen *cmd* (für *command* / Befehl). *Kopieren* und *Einfügen* – die Klassiker in der Textverarbeitung – erreichen Sie statt bislang mit *Strg-C* sowie *Strg-V* nun mit den Kombinationen *cmd-C* oder *cmd-V*. Das Gleiche gilt auch für den Druckbefehl (vormals auf Windows *Strg-P* für *Print*/Drucken) mit *cmd-P*.

Auf dem Mac nennt man die *cmd*-Taste auch *Befehlstaste*. »Mittelalte Apple-Veteranen« sprechen auch von der »Apfel«-Taste, da vor einiger Zeit auf dieser Taste noch das Apple-Logo prangte (das Apfel-Logo auf der Tastatur hat leider die Apple-Design-Abteilung »wegradiert«, schade).

 Der gravierendste Unterschied bezüglich der Tastenkombinationen zwischen Windows und Mac betrifft allerdings das @-Symbol (auch »Klammeraffe« bzw. *at*-Zeichen genannt): Was bislang

auf dem PC über *Alt Gr–Q* gelang, erreichen Sie nun über die Tastenkombination *alt–L*.

Wer also »frisch von Windows« nun auf dem Mac nur mal eben ein »@« schreiben wollte (indem er *AltGr –Q* von Windows mit *cmd –Q* auf dem Mac verwechselt), hätte stattdessen nun das Programm beendet. Das ist also eines der ersten »Lernprojekte« nach dem Wechsel …

Noch eine Hürde: Mancher »Ex-PC'ler« sucht nach der *Entf/delete*-Funktion am Mac. Auf den Tastaturen mit Zahlenblock finden Sie diese problemlos, auf der schnurlosen Tastatur probieren Sie es mal mit der Tastenkombination *fn-Rückschritttaste* (rechts oben auf der Tastatur). So können Sie wieder wie gewohnt nach rechts hin löschen …

fn steht hier als Kürzel für die Zusatzfunktionen, die bei einer bestimmten Taste hinterlegt sind, sobald Sie diese zusammen mit der *fn*-Taste drücken

 Auf unserer Website finden Sie im Bereich *Support* eine Übersicht über die wichtigsten Tastenkürzel am Mac. Diese können Sie sich – nach erfolgreichem Log-in – kostenfrei als PDF herunterladen.

So, mehr ist gerade nicht nötig. Sie sollten spätestens jetzt den Mac das erste Mal anschalten und dabei in etwa wissen, was sich wo am Gerät befindet – zu Ihrem Vorteil!

Gute Orientierung auf dem Mac:
Finder, Dock, Fenster & eine hilfreiche Suche

OS X Mavericks einfach installieren

Wie bereits im Vorkapitel erwähnt, ist das Einrichten eines Macs keine Hexerei. Ein Assistent unterstützt Sie dabei, wenn Sie Ihre ersten Daten eingeben. Dabei gehen wir davon aus, dass Sie sich einen neueren Rechner (egal ob Tischrechner oder Laptop) zugelegt haben. Auch wenn dort bereits *Mavericks* installiert sein mag, folgen Sie uns bitte bei diesen weiteren Schritten, es lohnt sich.

Gut zu wissen: Auch auf älteren Macs möglich
Sollten Sie sich ein älteres Modell zugelegt haben, lässt sich dieses meist ebenso auf das neue Betriebssystem *OS X 10.9 Mavericks* aktualisieren. Folgende Macs gelten dabei als kompatibel:

- iMac (Mitte 2007 oder neuer)
- MacBook (Ende 2008 Aluminium oder Anfang 2009 oder neuer)
- MacBook Pro (Mitte/Ende 2007 oder neuer)
- MacBook Air (Ende 2008 oder neuer)
- Mac mini (Anfang 2009 oder neuer)
- Mac Pro (Anfang 2008 oder neuer)

Als Mindestvoraussetzung in Sachen Betriebssystem gilt ein *OS X 10.6.8* namens *Snow Leopard* bzw. als Minimal-Voraussetzung *Mac OS X 10.5 Leopard* , auf das Sie wiederum *OS X 10.6 Snow Leopard* samt nachfolgender Updates aufsetzen können. Ist alles erledigt, so können Sie über den *App Store* das neue System *OS X 10.9 Mavericks* erwerben und laden.

 Welchen technischen Stand Ihr Rechner hat, erfahren Sie, indem Sie links oben am Bildschirm auf das Apfel-Symbol und dann auf den Eintrag *Über diesen Mac* klicken. Über die Schaltfläche *Weitere Informationen* bekommen Sie die benötigten Daten angezeigt.

Kleine Hausaufgaben im Vorfeld

Wie auch bei der Windows-Installation werden im Laufe der *OS X*-Konfiguration diverse Dialoge erscheinen, die eine Mitarbeit Ihrerseits erfordern. Dazu gehören beispielsweise das Benutzerkonto und die Abfrage Ihrer Apple-ID, um die Vorteile von Apples Dienstleistungen zu genießen. Bereiten Sie daher am besten schon jetzt einen kleinen Notizzettel vor:

- *Benutzerkonto:* eigenes Kennwort für Ihren Rechner

- *Apple-ID:* dieses Passwort für *iCloud, App Store* etc. wird bei der Installation abgefragt und muss bestimmten Anforderungen (mindestens 8 Zeichen, mindestens eine Ziffer, Groß- und Kleinbuchstaben) genügen.

- auch den *WLAN-Schlüssel* – also die Zeichenkennung für Ihre Anmeldung an das Internet ganz allgemein über die Telekom o.ä. – kramen Sie am besten schon jetzt hervor (oder lesen Sie den Code von der Rückseite Ihres Routers ab, sofern dort angegeben).

Schritt für Schritt das System einrichten (mit den richtigen Klicks)

Nachdem Sie Ihr (aktuelles) Heimatland eingegeben haben, fragt Sie Ihr Mac auch nach der Tastatur. Das ist insofern sinnvoll, da die Tasten oftmals länderspezifisch unterschiedlich belegt sind.

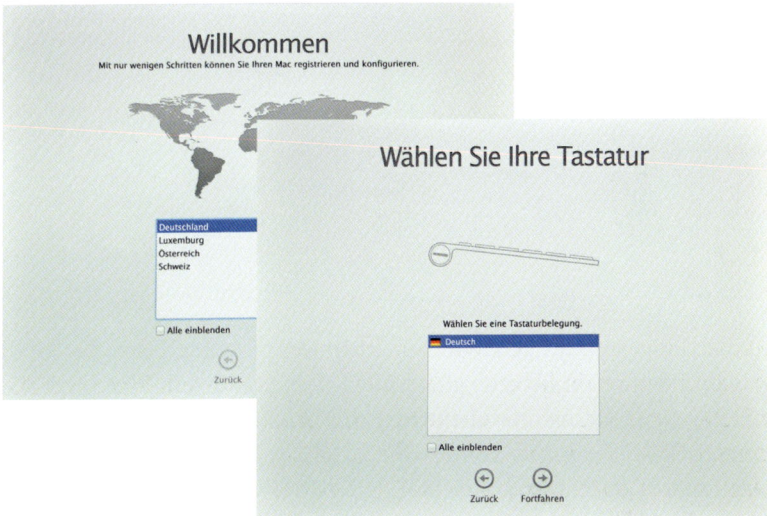

Im Anschluss möchte sich der Mac in ein bereits im Haushalt vorhandenes WLAN-Netzwerk bzw. lokales Netzwerk (über *Ethernet)* einwählen. Im Falle des WLAN-Netzwerks geben Sie das Kennwort ein. Danach können Sie auf Ihren *Speedport* (von der Telekom), die *Fritz!Box* (z. B. als Variante vom Provider *1&1)* oder auch auf die Apple-eigene *AirPort Extreme* zugreifen. Sollten Sie bislang noch keinen Internet-Anschluss haben, so zeigen wir Ihnen im nächsten Kapitel dieser Fibel die entsprechenden Schritte für eine erfolgreiche Einrichtung.

Sofern Sie eine kabelgebundene Internet-Verbindung (z. B. mittels *Ethernet*-Stecker in Ihren Mac) bevorzugen, klicken Sie auf die Option *Andere Netzwerkoptionen.* Über den Dialog *Welche Verbindung nutzen Sie?* gelangen Sie zu den entsprechenden Optionen. Mit *Mein Computer stellt keine*

Verbindung zum Internet her kämen Sie zumindest an dieser Stelle weiter, wobei ein Mac ohne Internet fast nicht denkbar ist.

Und die »Fragestunde« geht noch ein klein wenig weiter. Denn der Mac ist emsig und würde am liebsten gleich alle Daten von Ihrem Windows-Rechner (oder sonst woher) herüberschaufeln. Im zugehörigen Fenster *Daten an diesen Mac übertragen* können Sie an dieser Stelle auch auf *Jetzt keine Informationen übertragen* und dann auf *Fortfahren* klicken – den Datentransfer zeigen wir Ihnen etwas später anhand des *Migrationsassistenten*.

Der Vorteil des sofortigen Transfers über den Migrationsassistenten ist, dass Sie danach nur ein Benutzerkonto auf Ihrem Mac haben. Bei späterem Hinzufügen werden es immer zwei (da Ihr Mac annimmt, dass dies ein zusätzlicher Nutzer ist). Möchten Sie dies tun, blättern Sie etwas weiter nach hinten zum Thema »Migrationsassistent«.

Im Anschluss daran möchte Sie Ihr Mac persönlich ansprechen (wobei das eher rechtliche und vor allen Dingen kommerzielle Gründe hat). Deswegen brauchen Sie nun die bereits erwähnte »Apple-ID«, quasi der »digitale Ausweis«, um weitere Dienste am Rechner zu nutzen, wie z. B. …

- Datentransfer (Dokumente, Fotos, Termine, Adressen) zwischen verschiedenen Geräten über die *iCloud*
- Erwerb (und Abonnement/Ausleihe) von digitalen Medien via *iTunes Store* und *iBooks Store*
- weiterer Programm-Einkauf via *App Store*
- Kommunikation über die Dienste *FaceTime, Nachrichten (iMessage)* etc.

Und das Schöne daran: Die *Apple-ID* kostet »nix« – anfangs werden auch keine Kreditkarten-Daten erbeten (zumindest so lange, wie Sie nichts shoppen wollen, denn das ginge prinzipiell auch per Gutschein). Klicken Sie daher als »Apple-Frischling« ruhig auf *Neue Apple-ID erstellen* …

Für die *Apple-ID* sind Name und Geburtsdatum nötig – Letzteres aus Jugendschutzgründen, da später beim Einkaufen im Internet auch »Inhalte ab 16 Jahren« angeboten werden könnten …

Weiterhin brauchen Sie eine Mail-Adresse, wobei Sie hier entweder eine bereits bestehende (z. B. »name.vorname@gmx.de« oder »…@t-online.de«) verwenden oder eine kostenlose Mail-Adresse von Apple über dessen Dienst *iCloud* beziehen können, die dann als Endung »@icloud.com« (früher auch »mac.com« oder »me.com«) hat.

Damit das Ganze dann noch Hand und Fuß hat, müssen Sie die Apple-ID schützen – und dieses Kennwort ist sehr wichtig! Es muss daher mindestens 8 Zeichen lang sein, mindestens einen Buchstaben, einen Großbuchstaben, eine Nummer und nicht mehr als drei gleiche aufeinanderfolgende Zeichen beinhalten. Achja, und es darf auch nicht die gleiche Zeichen-Reihenfolge wie die Apple-ID selbst beinhalten. Danach wählen Sie eine Sicherheitsfrage aus und legen Sie eine (auch ungewöhnliche) Antwort fest.

Falls Sie schon früher einmal eine solche ID angelegt haben: Nach dem Log-in sollten Sie spätestens jetzt weitere Sicherheitsmaßnahmen und externe Kontaktadressen festlegen, um nach einer Sperre – aus welchen Gründen auch immer – wieder auf Ihr Benutzerkonto zugreifen zu können. Das hilft im Zweifel Ihnen als Nutzer.

Sie können später auch im Internet unter `appleid.apple.com/de` nachvollziehen, was alles zu dieser Identität dort (geschützt) hinterlegt ist.

Nur für's Protokoll: Sie brauchen die *Apple-ID* nicht zwingend, wenn Sie Ihren Rechner »einsam auf einer Insel« betreiben wollen. Allerdings ist der Komfort-Status mit diesen Diensten schon sehr verlockend. Zaghafte Datenhüter müssen ja nicht alle Dienste nutzen. Genau in deren Auswahl liegt die Medienkompetenz, die wir in unseren Büchern zu den jeweiligen Anwendungen im Detail beschreiben.

Bei Abschluss einer *Apple-ID* müssen Sie allerdings die AGBs akzeptieren. Dabei stimmen Sie zu, dass Ihre Daten auf den gigantischen »Serverfarmen« (sprich riesigen Computerzentren) von Apple in Amerika gespeichert werden.

Anschließend können Sie über die Option *Meinen Mac suchen* bestätigen, dass sich der Standort Ihres Rechners über das Internet einkreisen lässt. Damit ist nicht der Zugriff auf die darauf befindlichen Daten gemeint. Allein z. B. bei Diebstahl ließe sich dieser dann ggf. orten, sperren oder löschen. Auch deswegen lohnt sich für Sie ein nicht zu leichtes Passwort für Ihre *Apple-ID*. Wir halten diese Einrichtung für sinnvoll.

Während der Installation von *Mavericks* wird unbemerkt eine Rettungspartition mitinstalliert. Stellen Sie sich dieses als »kleines Beiboot« vor, das einige wenige – dafür aber wichtige – »Überlebensprogramme«, sprich: *OS X Dienstprogramme* an Bord hat. Sie kommen an diese »Partition« (übersetzt: ein abgezweigter »Teil« Ihrer Festplatte), indem Sie beim Start die *alt*-Taste drücken.

Hier finden Sie dann diese Art Wiederherstellungspartition. Mit Klick darauf können Sie dann zwischen verschiedenen Optionen wählen:

- *Aus »Time Machine«-Backup wiederherstellen*, also einer während des Betriebs angelegten Sicherheitskopie zurückgehen (zu *Time Machine* siehe auch etwas später hier in der Fibel). Diese Option sollte Ihr Favorit bei eventuell notwendigen Lösungsstrategien sein.

- *OS X erneut installieren*, also das ganze Betriebssystem neu »aufsetzen« – was allerdings den Verlust von bereits vorhandenen Daten nach sich ziehen kann.

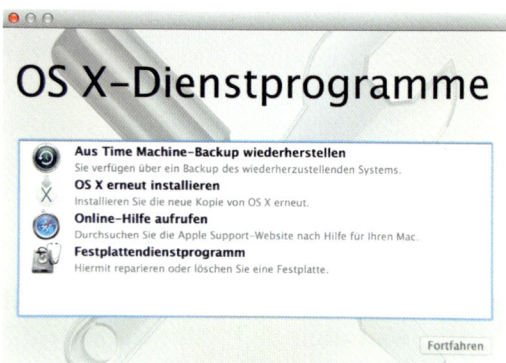

- *Online-Hilfe aufrufen;* hier geht es – bei bestehender Internet-Verbindung – auf die Support-Website von Apple.

- *Festplattendienstprogramm* (ein Wort wie »Donaudampfschiff…«): Auch hierüber lassen sich manchmal erstaunliche Reparatur-Ergebnisse erzielen. Obacht dort, der Rechnerinhalt könnte so mit wenigen Klicks auch gelöscht werden (siehe Grundlagenbuch zu Mavericks).

Wenn Ihr Mac noch läuft, Sie also nicht diese Rettungspartition bemühen müssen, gibt es bei Problemen noch verschiedene andere Wege:

Schauen Sie mal im Web auf der Kontaktseite von Apple vorbei (`www.apple.com/de/contact/`), ob Sie nicht unverbindlich vorab ein Erstgespräch mit den Apple-Experten führen können. Die Hotline-Nummer für den »Technischen Support« lautet in Deutschland *0800 6645 451* – prüfen Sie das aber auch nochmals hier: `http://support.apple.com/kb/HE57`. Dort stehen auch die anderen internationalen Hotlines.

Bei einer Reparaturanfrage benötigen Sie weiterhin immer die Seriennummer Ihres Macs. Diese finden Sie per Klick auf das Apfel-Symbol links oben sowie der Wahl des ersten Eintrags *Über diesen Mac*. Klicken Sie im erscheinenden Dialog entweder mehrmals auf die Versionsbezeichnung bzw. auf *Weitere Informationen*, um das Programm *Systeminformationen* zu starten.

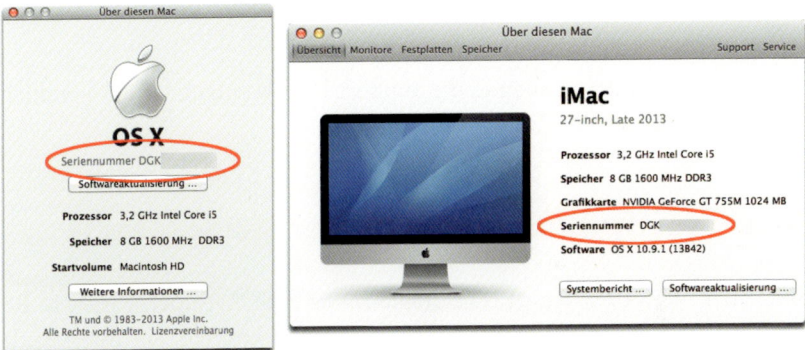

Apple bietet Ihnen dann an abzuklopfen, welche Supportmöglichkeiten Ihnen mit diesem Gerät überhaupt zur Verfügung stehen. Klicken Sie dafür in dem vorigen Feld rechts oben auf *Service* und dann *Meinen Anspruch auf Service und Support prüfen* (bzw. anschließend auf *Erlauben*, damit Ihre Seriennummer automatisch übermittelt wird).

Anschließend gelangen Sie auf die Website von Apple, um deren Support zu kontaktieren. Auch dort stoßen Sie auf verschiedene Bereiche, über die Sie sich schon einmal schlau machen können (sogar eine Rubrik »Nichttechnische Fragen«, faszinierend …).

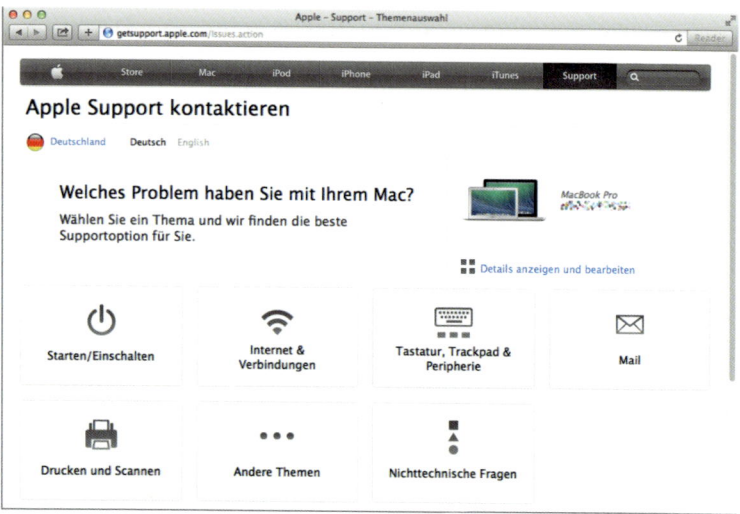

Nach diesem kleinen Ausflug in die Support-Welt kommen wir nun endlich zu Ihrem Computeraccount.

So werde ich »offizieller Benutzer meines Macs« …

Bitte nicht verwirren lassen: Die *Apple-ID* ist eine Art übergeordnete Benutzerausweis, die Sie nicht nur am Mac einsetzen können. Für Ihren Rechner müssen Sie darüber hinaus noch einen Zugang einrichten. Im Technikdeutsch spricht man von einem *Benutzerkonto* oder auch *Computeraccount*. In diesem Bereich können Sie letztlich schalten und walten, wie es Ihnen gefällt, es lassen sich Einstellungen ändern oder Programme installieren.

Derjenige, der den *Computeraccount* anlegt, wird *Administrator* genannt. Sie können jedoch später jederzeit weitere Nutzer (etwa für den Lebensabschnittspartner, Feriengäste oder gar die Kinderschar) anlegen. Sie als *Administrator* bleiben jedoch der Chef, der alle Rechte über den Computer besitzt und anderen Benutzern bei Bedarf auch Verbote aussprechen kann. Dies dient dem Schutz des Rechners, damit nicht jeder wild Programme installieren oder löschen kann.

Im Dialog *Ihren Computeraccount anlegen* schreiben Sie nun Ihren Namen (das kann ruhig auch ein Fantasiename sein) hinein. Als zusätzlichen Schutz verwenden Sie aber ein separates Kennwort, welches sich von der *Apple-ID* unterscheidet.

Danach bittet Sie Ihr Mac noch um ein Foto – was Sie aber umgehen können, indem Sie einfach eines der schönen Symbole wählen, die Sie über die Option *Standard* finden. Wären Sie dennoch bereit, sich »abknipsen« zu lassen, ließe sich das über die am iMac oder MacBook (Pro/Air) integrierte Kamera erledigen.

Danach heißt es noch schnell die *Zeitzone* auszuwählen – Sie können dies auch automatisch einstellen lassen, da Ihr Standort wie vorhin erwähnt nun in etwa über das Internet einzuorten ist.

> **Auch hier gilt wieder die denkbare Option: Die automatische Auswahl der Zeitzone – über Ihren Standort – oder auch das Senden der Diagnose- und Nutzungsdaten an Apple ist nicht zwingend erforderlich. »Im Zweifel« können Sie die gesetzten Haken entfernen. Daten-Sparsamkeit kann auch eine Tugend sein.**

Nun schlägt Apple »ganz selbstlos« vor, über den Punkt *Registrieren* den aktuellen Newsletter zu abonnieren. Auch dies ist kein Muss.

Anschließend zeigt Ihr Mac an, dass Sie Ihre Aufgaben meisterlich erfüllt haben. Glückwunsch!

Sofern Sie bereits mit einem WLAN verbunden sind oder eine kabelgebundene Internet-Verbindung eingerichtet haben, wird Ihr Rechner prüfen, ob nicht doch noch die ein oder andere Programmfunktion zu aktualisieren ist. Dies können Sie durch das Symbol *Software-Update installieren* nachvollziehen.

Geschieht das nicht automatisch, sollte Ihr jetzt erster Weg über das links oben stehende Apple-Symbol und nachfolgend auf den zweiten Eintrag *Softwareaktualisierung* gehen. Dies startet den *App Store*, der automatisch in die *Updates*-Abteilung umschaltet und darüber den Mac auf aktuelle Updates hin überprüft. Denn schließlich soll Ihr Rechner doch »möglichst sauber & sicher« sein.

Nach getaner Einrichtung von *Apple-ID* und *Benutzerkonto* erhalten Sie auf den nächsten Fibelseiten eine Art kleinen »Rundum-Blick«.

Eine Einleitung für den Mac – nicht nur für PC-Nutzer

Schauen wir uns auf dem Bildschirm einmal um. Vieles, was Sie in Grundzügen schon aus der Windows-Welt kennen, wird zumindest ähnlich sein: So arbeiten Sie mit einer Benutzeroberfläche, die geprägt ist von Symbolen und Fenstern.

Mehr Übersicht auf Ihrem Mac – was ist wo

Die Benutzeroberfläche, die sich Ihnen nach dem Start präsentiert, nennt sich auf dem Mac »Schreibtisch«. Über diesen lassen sich Ihre Dokumente leicht und übersichtlich im Griff halten.

Oben liegt die Menüzeile, über die Sie die Befehle aufrufen. Diese befindet sich im Gegensatz zu Windows (deren Menüs sich ja immer am oberen Fensterrand befanden) immer am obigen Rand Ihres Gesamtbildschirm/Displays.

Da Sie auf dem Mac stets verschiedene Aufgaben erledigen, wechselt diese Menüzeile je nach Programm, denn die meisten gerade aufgerufenen Anwendungen bieten doch einen unterschiedlichen Funktionsumfang.

Das »Apfel«-Menü

Dieses Bild können Sie auch als PDF herunterladen über unsere Website: www.mandl-schwarz.com/support/

 Finder Ablage Bearbeiten Darstellung Gehe zu Fenster Hilfe

Menüleiste
(beim Mac immer oben am Bildschirmrand)

FAVORITEN
- Alle meine Dateien
- AirDrop
- Programme
- Schreibtisch
- Dokumente
- Downloads

GERÄTE
- MacBook Pro

FREIGABEN

TAGS
- Rot
- Orange
- Gelb

Bilder   Dokumente

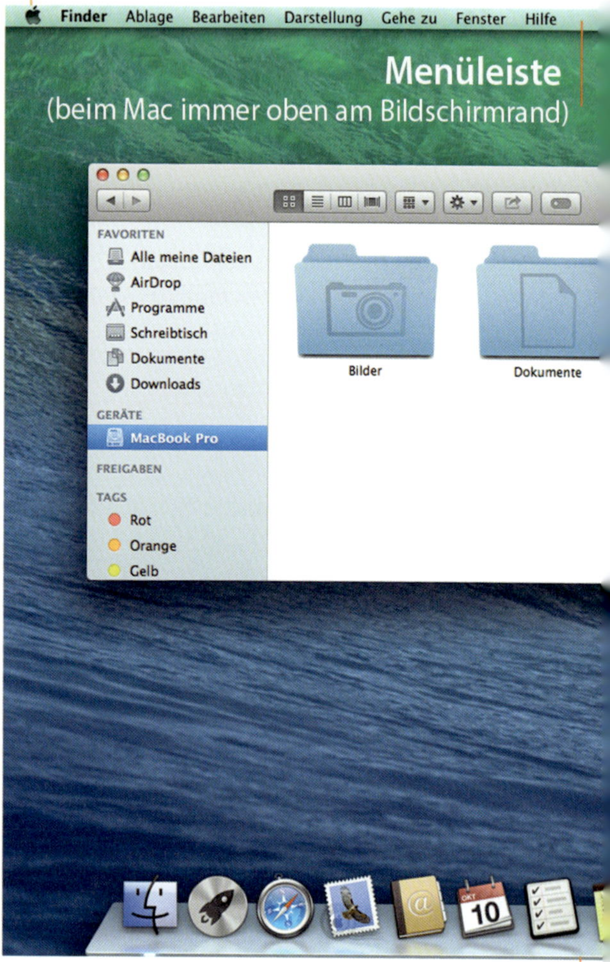

»Finder«-Symbol
(wie »Windows Explorer«)

im Dock enthaltene Anwendungen:
Safari, Mail, Adressbuch,
Terminkalender, (Straßen-) Karten,
iTunes, iBooks etc.

Tipp: Suchen Sie
via Lupensymbol

»Bereitschafts-Infos«
z.B. WLAN, Lautstärke, Strom, Uhrzeit, Mitteilungen

Pro

Musik

Filme

Downloads

Öffentlich

Schreibtisch

Das Finder-Fenster
(immer mit Klick auf das Symbol unten links)

Das Dock
(ähnlich der »Taskleiste« bei Windows)

interessant,
aber bitte Vorsicht:
die Systemeinstellungen

Papierkorb,
klar …

Oben rechts finden Sie weitere Symbole, die per Mausklick Informationen über den Betriebszustand Ihres Rechners verraten. Hier werden Sie beispielsweise auf dem Laufenden gehalten, was die Funk-Kommunikation per *Bluetooth* angeht (z. B. welche Geräte gerade in Kontakt zu Ihrem Mac stehen) oder welche Qualität gerade Ihre WLAN-Verbindung aufweist.

Aber auch die Lautstärke – das kleine schwarze Dreieck als »Schalltrichter«, die Batterieanzeige (bei mobilen Geräten) und die Uhrzeit sind oben rechts bei den »Bereitschafts-Infos« zu finden. Ganz rechts außen liegen weiterhin die Suchfunktion (Lupe) am Mac sowie die »Mitteilungszentrale«. Auch dazu später mehr.

Unten reihen sich Symbole im sogenannten »Dock«. Das Dock bietet Ihnen – ähnlich wie die »Taskleiste« unter Windows – einen Schnellzugriff auf alle Programme und Dateien und erspart eine Menge Mühe.

Von Startknöpfen und Vollbild-Optionen

 Auf dem PC hatten Sie sich vielleicht unter *Windows XP* an den grünen Startknopf links unten am Bildschirm gewöhnt; in den Windows-Nachfolgeversionen ist das der bunte *Windows 7*-Startknopf, und unter *Windows 8* gibt es zur Abwechslung bunte Kacheln zum Anklicken oder Antippen (wobei beim aktuellen *Windows 8.1* ja wieder eine Art »reduzierte Knopf-Funktion« angeboten wird). Über diesen Startknopf haben Sie auf alle Programme und Dateien zugegriffen und Ihren Rechner gesteuert.

 Einen ähnlichen Zugang bekommen Sie, indem Sie im Dock auf das unten links liegende Symbol mit dem lächelnden Mac klicken: Sogleich öffnet sich ein Fenster, das auf dem Apple-Computer eben als *Finder* bezeichnet wird und über das sich hervorragend navigieren lässt. Mit dem hier folgenden »Einmaleins« werden Sie geschwind zum »Fenster-Jongleur«.

Anfangs werden Sie häufiger das – durch Windows gewöhnte – »rote X« rechts oben in der Fensterecke suchen; eine weitere Variante war das »Minimieren«-Symbol in der Mitte. Beide Funktionen gibt es auch auf dem Mac – allerdings erscheinen sie in der entgegengesetzten Fensterecke links oben als drei bunte Knöpfe (die sich verändern, sobald Sie mit dem Mauszeiger darüber fahren):

- Der rote Knopf mit dem »x« darauf schließt das Fenster. Das Gleiche klappt auch über die Tastatur, wenn Sie *Befehlstaste-W (cmd-W)* drücken, was dem Menü-Befehl *Ablage | Schließen* entspricht. (Sie merken: Das ist das Gleiche wie ehemals auf Windows die Tastenkombination *Strg-W).*

- Der gelbe Knopf in der Mitte – der mit dem Minus-Zeichen – lässt das Fenster ins Dock wandern. Mit einem Klick in das miniaturisierte Fenster fährt es wieder zur Original-Größe aus. Auch diese Aktion können Sie über die Menüleiste oder die Tastatur steuern: *Fenster | Im Dock ablegen* bzw. *Befehlstaste-M (cmd-M).*

- Der grüne Knopf (mit dem Plus-Zeichen darin) nennt sich *Zoomen* und kann auch über die Menüleiste *Fenster | Zoomen* gestartet werden. Das Ergebnis hierbei: Die Fenster-Größe passt sich automatisch dem Inhalt an, sodass dieser gut überblickt werden kann.

Ist Ihnen also ein Fenster »irgendwie zu eng«, probieren Sie ruhig mal den grünen Knopf. Oder Sie bewegen die Maus auf den äußeren Rand eines Fensters, welches Sie gerade im Vordergrund haben (dann sind die drei Knöpfe bunt dargestellt). An jener Stelle am Fensterrand, wo sich die Maus befindet, erscheint dann ein winzig kleiner, schwarzer Doppelpfeil. Mit Klick sowie gehaltener Maustaste können Sie nun das Fenster nach Belieben vergrößern und anpassen. (Bitte beachten Sie hierzu auch unseren nachfolgenden Hinweis zu den Rollbalken.)

Das Fenster »verschieben« Sie übrigens genauso wie unter Windows, indem Sie oben den Fensterbalken anklicken, gedrückt halten und dann leicht bewegen.

Wieder etwas Neues für Sie: Ganz rechts oben am Fensterrand finden Sie einen deutlich sichtbaren, grauen Doppelpfeil (in Schräglage), der auf Mausklick hin die Vollbildansicht des jeweiligen Fensters darstellt. Hierbei bekommt das Fenster sozusagen einen eigenen Schreibtisch, denn wischen Sie beispielsweise mit drei oder vier Fingern (ja nach getroffener Einstellung in den *Systemeinstellungen | Trackpad*) horizontal auf dem Trackpad, so gelangen Sie zum nächsten oder vorherigen Arbeitsbereich. Das Gleiche funktioniert im Übrigen auch mit Programmen, deren Benutzeroberfläche auf diese Weise ebenso über den gesamten Bildschirm ausgebreitet wird.

Doch wie kommen Sie aus dieser »Totalansicht wieder raus«? Entweder per Tastendruck auf die *esc*-Taste oder indem Sie die Maus nach ganz oben rechts in die Bildschirmecke bewegen und auf das erscheinende, blaue Symbol der beiden umgekehrten Pfeile klicken.

Das Finder-Fenster – seien Sie Ihr eigener Pilot

Üblicherweise bearbeiten und verwalten Sie Ihre Daten unter *OS X* in Fenstern. Dort liegend die vielen Ordner und Dateien, die Sie mit einem Doppelklick öffnen bzw. starten. In den Ordnern lassen sich weitere Unterordner anlegen, die wiederum Ordner enthalten usw. Hierbei können Sie Ihre ganz eigene Hierarchie und Ordner-Struktur erschaffen.

Fenster besitzen – oben mittig liegend – eine Symbolleiste mit diversen Knöpfen, die wir uns einmal etwas genauer anschauen möchten – zumindest in Hinblick auf die wichtigeren Funktionen, die bei einem Ersteinstieg auf dem Mac hilfreich sind.

Ganz oben am Fensterrand sehen Sie die gerade besprochenen drei Farbknöpfe, z. B. zum Schließen des Fensters. Darunter können Sie, sofern

Sie einige Zeit in den Fenstern »herumgewühlt« haben, mit dem Rechts- und Links-Pfeil Ihre Fenster-Ansichten als Verlauf auch rückwärts gehen. Haben Sie sich also durch die Untiefen einer Ablage geklickt, geht es auf Wunsch hier Schritt für Schritt wieder zurück.

»bei Windows war das oben rechts«: Fenster schließen (rot), kleiner oder größer anzeigen (gelbgrün)

so präsentiert sich der Inhalt: Ansichtsoptionen von Dateien – entweder als Symbole, Liste etc.

weitere Abkürzungen im Datei-Management: gruppieren nach Art oder Datum / Dateien schnell bereitstellen, »Tags« etc.

wenn das Fenster zu klein ist: einfach irgendwo am Rahmen mit der Maus »anpacken und ziehen«

wollen Sie nur das eine Fenster am Bildschirm sehen? Dann drücken Sie die »Vollbildansicht« rechts oben. Zurück in die Fensteransicht geht´s meist per »esc«.

Favoriten als Schnellzugang / Geräte / Freigaben (Netzwerk) / »Tags« = farbiges Kennzeichnen oder Datei mit zusätzlichen Stichworten versehen

Rechts neben den beiden Pfeilen stehen vier verschiedene Ansichtsoptionen zur Auswahl: als *Symbole* (die eine Zuordnung zu einzelnen Programmen erlauben sowie eine erste Voransicht zeigen), als *Liste,* als *Spalten*-Darstellung sowie als *CoverFlow*-Ansicht, wie Sie auch in der Abbildung dargestellt ist. Zum Verständnis für die Einsteiger: Das sieht dann – dem englischen Namen nach – wie in einem Plattenladen aus; so können Sie schön visuell durch Ihre Dateien »blättern« (die Listen-Ansicht eignet sich aber oftmals besser im digitalen Alltag).

Rechts neben den Ansichtsoptionen folgen dann Knöpfe, die Sie wohl anfangs kaum bis wenig benutzen werden. Der erste Knopf mit den sechs kleinen »Klötzchen« mag helfen, Ihren Ordnerinhalt nach einzelnen Kriterien – z. B. *Datei-Art, Datum, Erstellungsdatum* etc. – zu sortieren (im Zweifel klicken Sie nach dem Ausprobieren dort wieder auf *Ohne).*

Daneben sehen Sie ein, nennen wir es »Aktionsrad«, mit dem Sie einzelne Dateien gleich aus der Ordneransicht weitere Informationen entlocken können. Oder Sie legen für eine Datei ein bestimmtes »Wunschprogramm« fest, über das sie stets geöffnet wird (z. B. eine Textdatei mit einer ganz spezifischen Schreibanwendung). Durchaus hilfreich sind oftmals auch die *Informationen* sowie die Möglichkeit, ein Objekt schnell in den Papierkorb zu befördern.

Über den *Freigabe*-Knopf (mit dem kleinen Symbolpfeil) oben in der Fensterleiste können Sie weiterhin eine (angeklickte, sprich markierte) Datei schnell z. B. per *Mail*, auf *Facebook* und vielen weiteren Wegen verteilen.

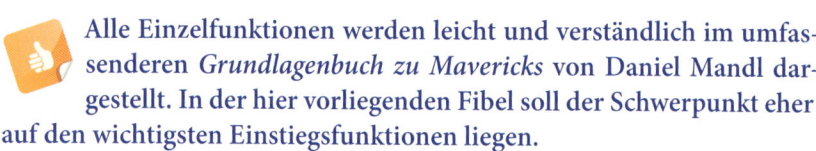

Alle Einzelfunktionen werden leicht und verständlich im umfassenderen *Grundlagenbuch zu Mavericks* von Daniel Mandl dargestellt. In der hier vorliegenden Fibel soll der Schwerpunkt eher auf den wichtigsten Einstiegsfunktionen liegen.

Daneben finden Sie das Suchenfeld mit der kleinen visualisierten Lupe (man könnte es auch für einen Tennisschläger halten). Wenn Sie speziell in diesem Ordner etwas »mal eben zwischendurch« suchen, tippen Sie dort Ihren Suchbegriff ein (und wählen den Ordnernamen als Suchareal). Es gibt aber auch eine »übergeordnete Suche« namens *Spotlight,* auf die wir gleich noch kommen.

Linker Hand im Fenster zeigt sich immer die Seitenleiste als eine Art »Meta-Ebene« (auf hellblauem Grund). Auch darüber erreichen Sie schnell bestimmte Bereiche oder weitere Zusatzfunktionen. Apple nennt die obere Gruppe wohlwollend »Favoriten« …

Der Favorit »Alle meine Dateien« ist im Grunde verwirrend: Denn mit Klick darauf werden sämtliche (!) Daten auf Ihrem Rechner aufgeführt. Das mag in der Anfangszeit einer Mac-Karriere ganz hilfreich sein, nach langjähriger Nutzung wird diese Ansicht wegen der Fülle an Daten nur noch unübersichtlich.

AirDrop selbst ist in diesem Sinne eigentlich keine Fensteransicht, sondern dient der schnellen Weitergabe einer oder mehrerer Dateien innerhalb eines Apple-Geräteparks. Dazu etwas später mehr. *Programme* zeigt Ihre Anwendungen auf dem Mac. Sie sehen schon, es führen immer mehrere Wege zum Ziel …

Die drei Punkte *Schreibtisch, Dokumente* und *Downloads* geleiten Sie – bei Klick darauf – an eben diese Orte. Der Erfahrung nach werden Sie das doch häufiger nutzen. Deswegen bitte merken …

Über die beiden Einträge *Geräte* und *Freigaben* zeigen sich Ihnen alle internen wie externen Festplatten und sonstigen Medien (CD, DVD, SD-Karte etc.) sowie jene Komponenten, auf die Sie über Freigaben zugreifen dürfen (etwa verbundene Server, andere Macs oder PCs im Netzwerk, Router oder was auch immer). Da Sie nur teilweise informativen Charakter haben, können Sie diese Einzel-Infos auch ausblenden lassen: Bewegen Sie dazu den Mauszeiger auf den jeweiligen Eintrag und klicken Sie nachfolgend auf das erscheinende *Ausblenden*.

Die *Tags* sind neu in *OS X Mavericks* hinzugekommen. Darunter versteht man Schlüsselwörter oder farbige Etiketten, die Sie Dateien oder Ordnern anheften können. Auf diese Weise lassen sich zusammengehörige Daten kennzeichnen, um sie später per Mausklick gesammelt aufrufen zu können.

Den Rollbalken wieder sichtbar machen

Oftmals überzeugt das Apple-Design; in manchen Details kann es aber auch zu Missverständnissen für Neueinsteiger auf dem Mac führen. So passiert es nicht selten, dass Sie beim ersten Anblick eines Fensters nicht alle darin enthaltenen Dokumente / Objekte sehen. Dafür gibt es bislang auf Windows den Scrollbalken oder – wie Apple es nennt: den »Rollbalken«. Über ein Schiebesymbol am Fensterrand lassen sich so auch die anderen Inhalte anzeigen.

Doch genau diese Art Rollbalken hat Apple in seiner Standardeinstellung nun »verschwinden« lassen; er zeigt sich nur, wenn Sie mit der Maus / dem Trackpad (oder den Pfeiltasten) im Fenster herumfahren. Sie können jedoch den Scrollbalken an Ihre eigenen Bedürfnisse anpassen bzw. für eine konstante Ansicht neu aktivieren. Gehen Sie dazu über das Apfel-Menü auf die Systemeinstellungen und klicken Sie dort die Rubrik *Allgemein* an. Hier sollten Sie nun bei *Rollbalken einblenden* die Option *Immer* anklicken.

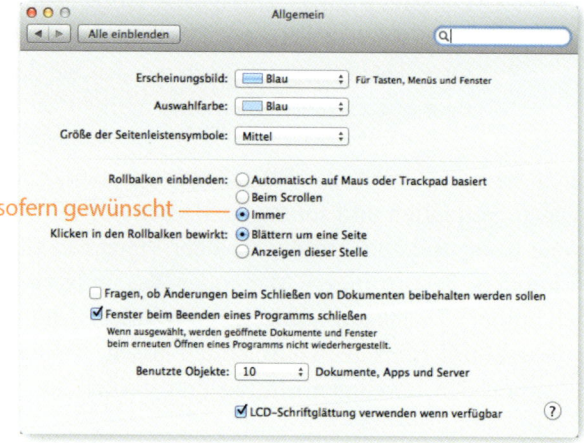

Noch ein Detail: Sie können innerhalb eines *Finder*-Fensters auch mehrere Fenster nebeneinander darstellen. Dies geschieht nach dem Prinzip der Karteikarten, bei dem über die Tastenkombination *cmd-T* ein weiteres Fenster (ein sogenannter *Tab*) eingeblendet wird. Sofern Sie also nur über einen kleinen Bildschirm verfügen, so kann dies durchaus hilfreich sein, um mit mehreren Fenstern zu hantieren.

Hilfreich und gut: Suchen mit Spotlight

Viele Nutzer kommen häufig an den Punkt, an dem Sie aufgrund des Datenwusts auf ihrem Rechner nicht mehr so recht den Durchblick haben. Was letztlich jedoch kein Drama ist, schließlich bietet Ihnen Ihr Mac eine äußerst praktische Suchfunktion an, die auf den Namen *Spotlight* (grob übersetzt: »Suchscheinwerfer«) hört. Sie finden sie immer rechts oben am Bildschirm in Form des kleinen Lupen-Symbols.

Alternativ können Sie *Spotlight* auch immer per Tastenkombination *cmd-Leertaste* aufrufen. Geben Sie anschließend Ihren Suchbegriff ein, wobei der Mac Ihnen einen ersten »Top-Treffer« vorschlägt und weiter unten dann nach Rubriken sortiert weitere Optionen unterbreitet. Erstaunlich, wie oft der Top-Treffer genau das ist, wonach wir gesucht hatten …

Tipp:
Suchen Sie per »Spotlight«
und gehen dann zu Ihrer
Wunschdatei (=Top-Treffer?)
mit der Tastenkombination
cmd + R

Ist das entsprechende Dokument gefunden, brauchen Sie einfach nur darauf zu klicken, um es aufzurufen.

Der Clou liegt weiterhin darin, dass *Spotlight* nicht nur nach Dokumenten-Namen, sondern auch in deren Inhalten sucht. Haben Sie also beispielsweise einen Text abgespeichert, der das Thema »Frühling« behandelt, diese Datei jedoch nur mit dem Namen »Dokument 1« benannt, so wird diese Datei bei Eingabe des Stichwortes »Frühling« dennoch gefunden. Dies liegt einfach daran, dass auch Textinhalte »gescannt« (im Computerdeutsch: indiziert) werden. Die *Spotlight*-Suche macht sich auf diesem Weg unentbehrlich im Computer-Alltag.

Nichtsdestotrotz sollten Sie Ihre Daten immer einen halbwegs sinnvollen Dateinamen verpassen und sich nicht nur auf die Indizierungs-Funktion Ihres Rechners verlassen …

Praktisch: die schnelle Übersichts-Funktion

Wo wir doch beim Stichwort »Suche« sind, möchten wir noch einen Tipp loswerden, wie man – genauso wie beim »In-den-Topf-gucken« in der Küche – in eine Datei ohne großen Aufhebens und gesonderten Programmstart »hineinschnuppern« kann. Unter Windows musste bislang gleich das entsprechende Programm gestartet werden. Dafür gibt es bei Apple eine praktische Erfindung: die Funktion *Quick Look*, die auf Deutsch auch als *Übersicht* oder *Diashow* bezeichnet wird.

Mit *Quick Look* können Sie in Ihre Daten immer schon einsehen, ohne dass Sie gleich das entsprechende Programm groß starten. Das spart manchmal Zeit und Mühe. Klicken Sie dafür ein Bild, Video oder ein Text-Dokument einmal an. Nun weiß Ihr Mac, für welche Datei Sie sich genau interessieren. Anschließend wählen Sie entweder oben aus der Menüleiste *Ablage | Übersicht von »Ihrer Wunschdatei«* oder Sie drücken die Tastenkombination *cmd-Y*. Auch dies zeigt eine Voransicht an.

 Es geht aber noch viel simpler: Klicken Sie zuerst auf die Datei und dann auf die *Leertaste* (die lange Taste in der Mitte) und Sie

können das Dokument vorab betrachten. Möchten Sie die Voransicht wieder schließen, klicken Sie einfach erneut auf die *Leertaste.*

Zum Bearbeiten gibt es dann weitere Anwendungen auf dem Mac wie *Vorschau, GraphicConverter* etc.

In der Symbol- oder CoverFlow-Ansicht über die kleinen Pfeile (links unten) in die Datei hineinschnuppern oder z.B. Datei per Leertaste »anticken«, bevor man das eigentliche Programm startet …

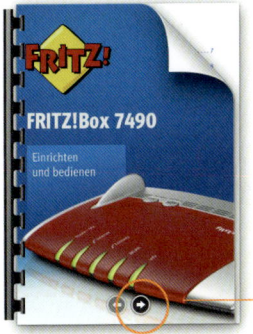

Handbuch_FRITZ_Box_7490.pdf

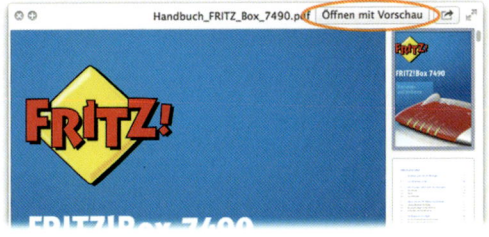

Sehen Sie rechts oben im Fenster die zwei kleinen Pfeile? Mit einem Klick darauf rufen Sie z. B. ein Bild in der Vollbild-Ansicht auf. Sollten Sie ein Trackpad benutzen, brauchen Sie dafür nur Daumen und Zeigefinger auseinander zu spreizen.

Das Ganze funktioniert auch bei mehreren Dateien. Klicken Sie diese (gegebenenfalls zusammen mit der *cmd*-Taste) an. Danach lassen sich diese nun nach Aktivierung der Übersicht (sprich: nach anschließendem Klick auf die *Leertaste)* als Diashow abspielen.

Bewegen Sie innerhalb der Darstellung sachte den Mauszeiger, so zeigt sich Ihnen eine Navigationsleiste. Darüber können Sie die Diashow ebenso steuern, indem Sie bei Gefallen eines Bildes auf die Pause-Taste drücken oder mit den Pfeilen daneben schnell weiterblättern. Auch das direkte Übertragen eines Bildes hin zu *iPhoto* ist möglich.

Tipp: Mit Klick auf die Leertaste
starten und stoppen Sie eine Diashow.

Noch ein Detail (von vielen) aus der Navigationsleiste: Mit Klick auf die kleinen weißen Vierecke / Dia-Symbole (ziemlich in der Mitte des schwarzen Balkens) rufen Sie eine sogenannte »Index-Ansicht« auf, welche ganz praktisch ist, wenn Sie alle Bilder möglichst zusammen sehen wollen, um dann gezielt z. B. das schönste Blumenbild direkt aufzurufen. Sie merken schon: Die Darstellungsversionen sind vielfältig.

Die Übersichts-Funktion ist wirklich nur eine Art Vorschau; Sie können damit nicht gleich auch Inhalte ändern wie z. B. Bilder optimieren oder Texte korrigieren. Dafür doppelklicken Sie die jeweilige Datei – das zugehörige Bearbeitungsprogramm wird gestartet.

»Aus dem Weg«: wie alle Fenster zur Seite weichen

Arbeiten Sie mit vielen geöffneten Fenstern und Programmen, so tut man sich manchmal schwer, hier den Überblick zu bewahren. Hilfreich sind in diesem Fall Tastenkombinationen wie *ctrl*-Taste und *Pfeil nach oben* bzw. die Taste *F3* oder *ctrl*-Taste und *Pfeil nach unten*: Einmal gedrückt erhalten Sie so entweder eine Übersicht über alle geöffneten Programme samt den dazugehörigen Dateien (siehe Abbildung) oder es werden nur diejenigen zum gerade aktiven Programm geöffneten Fenster brav nebeneinander aufgeführt. Diese Funktionen nennen sich *Mission Control* bzw. *Programmfenster*. Probieren Sie »die Vogelperspektive« durchaus einmal aus!

Falls Sie wissen, dass die von Ihnen gesuchte Datei »ganz genau in der Mitte des Schreibtisches« liegt, können Sie – fast wie eine Hexerei – alle Fenster auch per Klick zur Seite entschwinden lassen. Diese Option nennt sich *Schreibtisch einblenden* und wird über die Tastenkombonation *fn*-Taste (»fn« steht für *Funktion*) und *F11* ermöglicht. Dasselbe erreichen Sie auch auf dem Trackpad über das Auseinanderspreizen von Daumen und Zeige-/Mittel-/Ringfinger. Es ist also gar nicht so schwer, etwas wiederzufinden…

Das Dock: eine »Taskleiste« mit Mehrwert

Ähnlich der alten Windows-Taskleiste finden Sie auf dem Apple-Schreibtisch unten liegend eine Leiste mit Symbolen, das sogenannte »Dock«. Es präsentiert sich meist auf den ersten Blick recht bunt und besonders benutzerfreundlich: So bietet Ihnen das Dock einen recht schnellen Zugang auf Programme wie z. B. *Mail, Safari, iTunes, Kontakte* und mehr.

Fahren Sie mit der Maus über die Symbole, wird der Name des jeweiligen Programms (hier: *Karten*) sofort dargestellt und mit einem Klick darauf können Sie es starten. Aktive Programme erkennen Sie weiterhin im Dock am kleinen leuchtenden Punkt unterhalb des Programm-Icons.

Wenn Sie bereits mehrere Programme gestartet haben, können Sie mit einem Klick auf das jeweilige Symbol »in der Taskleiste« zwischen diesen wechseln. Dieses Springen zwischen geöffneten Anwendungen lässt sich auch über die Tastenkombination *Befehlstaste-Tabulator (cmd-Tab)* bewerkstelligen (unter Windows klappte dies über die Kombination *Strg-Tab)*.

Flink zwischen laufenden Anwendungen wechseln
mit der Tastenkombination *cmd-Tab* (⌘-⇥)

Damit es im Dock übersichtlich zugeht, sind die (zahlreichen) Programm-Symbole links und die (wenigen) Symbole für Ordner oder Dokumente rechts angeordnet. Natürlich können Sie die Reihenfolge der Symbole im

Dock (je nach Gebrauch) verändern, indem Sie diese mit gedrückt gehaltener Maustaste packen und dann mehr nach links oder rechts platzieren.

Egal, was Sie in der Dockleiste »veranstalten« – zu Ihrer Beruhigung sei darauf hingewiesen, dass dort nur die Verweise (!) auf die entsprechenden Anwendungen liegen, nicht die Programme selbst. Ähnlich wie bei Windows die »Verknüpfungen« oder die Taskleiste – die Symbole sind also nur eine Referenz auf die Anwendungen, welche im *Programme*-Ordner liegen. Und den *Programme*-Ordner erreichen Sie z. B. auch über das oben erwähnte *Finder*-Fenster.

Etliche »Verhaltensregeln« rund um das Dock lassen sich über die *Systemeinstellungen* festlegen (zu den *Systemeinstellungen* selbst kommen wir gleich). Manches – Sie werden staunen – ist hier noch gar nicht aktiviert! Allerdings raten wir davon ab, dort schon am Anfang zu viel zu »verstellen«. Entsprechende Modifikationen können Sie dann immer noch später vornehmen.

In der rechten Hälfte des Docks liegen – nach einer feinen Trennlinie – ganz außen der Papierkorb und links daneben z. B. die Verknüpfungen zu weiteren Inhalten auf Ihrem Mac. Ein Beispiel ist hier der Ordner *Downloads*. Sobald Sie auf diese Dock-Symbole klicken, erscheinen all jene Inhalte, die Sie in diesen Ordnern deponiert haben.

Sie können rechts im Dock auch weitere Ordner ablegen, die Sie häufig brauchen. Markieren Sie dafür einen Ordner auf Ihrem Schreibtisch oder innerhalb eines *Finder*-Fensters und ziehen Sie ihn unten rechts zwischen (!) die anderen Symbole.

Obacht, bitte: Wenn Sie eine Datei oder einen Ordner auf ein anderes Ordner-Symbol im Dock ziehen, »rutscht« dieser in den anderen Ordner hinein. Etwas »Treffergenauigkeit« bei der Platzierung zwischen den Symbolen ist daher vonnöten. Oder Sie legen gleich mit Absicht einen solchen Sammelordner für z. B. ein laufendes Projekt hier rechts in das Dock. Auch dafür ist diese Art »Schnellschiene« gut geeignet.

Die Inhalte der im Dock abgelegten Ordner präsentieren sich – je nach Anzahl der enthaltenen Dateien – unterschiedlich, und zwar entweder als Fächer, der nach oben ausklappt, oder wie eine Art Gitter, was bei mehreren Dateien meist für eine bessere Übersicht sorgt. Diese zwei Optionen sind zumindest optisch die schönsten Wege, um in einen Ordner »hineinzulugen«.

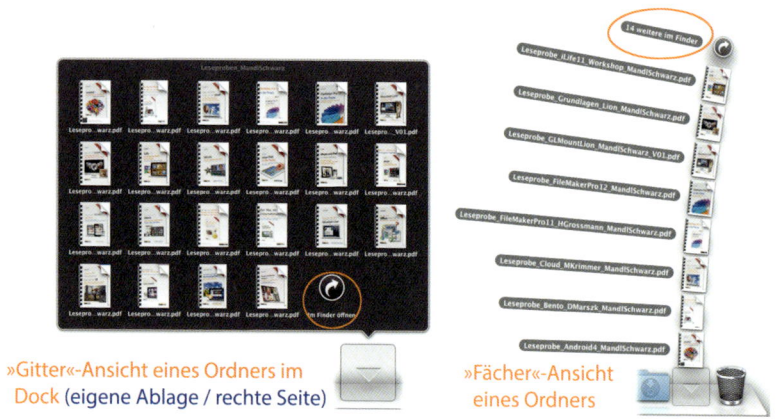

»Gitter«-Ansicht eines Ordners im Dock (eigene Ablage / rechte Seite)

»Fächer«-Ansicht eines Ordners

Klicken Sie darin auf eine Datei, so öffnet sich diese. Übersteigt die Anzahl der Dateien den vorhandenen Platz, den *Gitter* oder *Fächer* darstellen können, so finden Sie weiterhin den Verweis *Im Finder öffnen*. Klicken Sie darauf, zeigt sich der ganze Ordner als ein Fenster – was manchmal praktischer ist als die Voransicht im Dock.

> **Speziell bei der *Gitter*-Ansicht kann es sein, dass Sie bei einer Überzahl an Dateien in einem Ordner diesen weißen Pfeil »vermissen«. Er ist aber nicht »weg«, sondern verbirgt sich nur ganz unten im *Gitter*. Scrollen Sie daher lieber einmal mehr als weniger, damit Sie auch ja nichts verpassen.**

Neben diesen »schönen« inhaltlichen Darstellungen gibt es auch eine »nüchterne« Variante – die »Listen«-Anzeige. Offen gesprochen gefällt uns diese wegen ihrer Übersichtlichkeit am besten, wobei jedoch hinzugefügt werden sollte, dass bei dieser Variante ein ordentliches Bennennen von

Daten Voraussetzung sein sollte. Ansonsten hilft auch hier wieder nur der Klick auf *Im Finder anzeigen,* wobei Sie dann mit den einzelnen Fensteransichten *Symbole, Liste, CoverFlow* etc. weiter zum Ziel kommen.

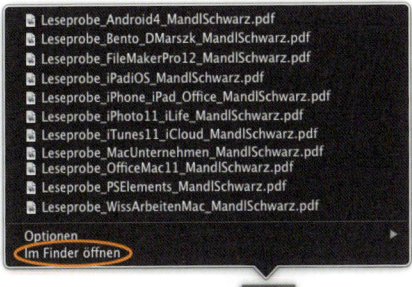

»Listen«-Ansicht
eines Ordners

Apple lässt Ihnen grundsätzlich die Freiheit, die Ordner-Inhalte so anzuzeigen, wie es Ihnen gefällt. Über das Kontextmenü (*ctrl*-Taste plus Mausklick bzw. Rechtsklick oder Zweifingertipp auf dem Trackpad) können Sie jederzeit Ihre favorisierte Ansicht wählen.

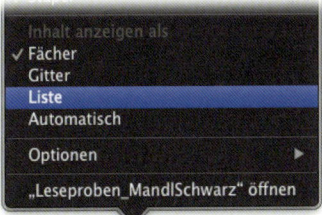

Möchten Sie einen Ordner oder ein Programm-Icon aus dem Dock entfernen, so klappt das ebenso über das Kontextmenü: *Optionen | Aus dem Dock entfernen.* Oder Sie packen das betreffende Symbol einfach mit der Maus und ziehen es in Richtung oberen Bildschirmrand. Nach einigen Zentimetern zeigen sich kleine Wolken am Mauszeiger, was nichts anderes bedeutet, als dass Sie nun das Icon loslassen können – es verpufft.

Weitere Hinweise, welche Programme und Möglichkeiten im Dock schlummern, finden Sie auch im letzten Kapitel, in dem wir diese etwas detaillierter vorstellen.

CD, DVD, USB – externe Medien am Mac

In einem *Finder*-Fenster finden Sie in der links liegenden Seitenleiste den Eintrag *Geräte*, der neben Ihrer eigenen Festplatte samt erkanntem Rechner und etwaiger Partitionen auch sämtliche als Volume erkannten, externen Medien auflistet: Dies können externe Festplatten – angeschlossen über USB 2/3, *FireWire* 400/800 oder *Thunderbolt* –, CDs/DVDs, Speicherkarten oder -sticks sein. Sie können das jeweilige Medium auswerfen, indem Sie das entsprechende (wenn auch kleine) Auswurf-Symbol anklicken, welches wir im Beispiel mit einem Kreis hervorgehoben haben.

Lassen Sie sich Festplatten, externe Volumes, CDs/DVDs etc. auf dem Schreibtisch oder innerhalb von Fenstern in der Symbole-Ansicht anzeigen, so wird's richtig bunt:

Der Mac ist dabei stets um die Unversehrtheit Ihrer Daten besorgt, weswegen Sie Ihre Medien immer manuell abmelden sollten – das war ja unter Windows auch nicht anders. Sofern Sie also z. B. einen USB-Stick vom Mac abziehen wollen, »sagen Sie Ihrem Mac bitte vorher Bescheid«: Klicken

Sie auf dem Schreibtisch das entsprechende Symbol mit der Maus an und ziehen Sie es – was etwas ungewöhnlich ist – einfach auf das Papierkorb-Symbol im Dock. Danach verschwindet das Symbol vom Bildschirm und Sie können es getrost vom Mac abstecken.

Anderenfalls »motzt« Ihr Mac; aber wie gesagt nur in Ihrem allerbesten Sinne, damit nicht unbeabsichtigt Daten verloren gehen – diese Meldung erscheint rechts oben bei Ihnen im Feld »Mitteilungen«, auf das wir noch kommen (Sie sehen, Apple versucht es immer mit einem Lächeln zu sagen).

Achten Sie mal darauf: Das Papierkorb-Symbol verwandelt sich im Dock, sobald Sie am Schreibtisch das Symbol eines externen Mediums anklicken und zu ziehen beginnen: Es mutiert zur Auswurf-Taste; so wird dann der USB-Stick oder die CD/DVD beim Ziehen auf den Papierkorb dann »abgemeldet«.

Behalten Sie dazu auch auf Ihrer Tastatur die Auswurf-Taste im Blick, die sich rechts neben _F12_ befindet. Allerdings müssen Sie dann zuvor das Medium am Bildschirm einmal angeklickt haben.

Generell strebt Apple in die Richtung, dass Inhalte am besten nur noch per Internet ausgetauscht werden. »Der Datenträger sei passé.« Der Abgesang klingt zwar recht selbstbewusst – schließlich gibt es aber auch eine Welt »außerhalb von Apple«. Und deswegen können wir auf derlei Stöpseleien / Einsteck-Aktionen von externen Medien (noch) nicht verzichten.

Ein Blick auf die Tastatur – und typische Fehler

Sobald Sie einen Film oder Musik am Mac abspielen wollen, möchten Sie sicherlich auch die Lautstärke regulieren. Das erledigen Sie beispielsweise über die entsprechenden Funktionstasten oben rechts auf Ihrer Tastatur.

Die drei Tasten können Sie anhand der aufgezeichneten Schallwellen identifizieren: *Stumm* (ideal bei unerwarteten Anrufen), *Leiser* und *Lauter*. Sobald Sie darauf drücken, macht sich Ihr Mac bemerkbar und Sie können in Echtzeit kontrollieren, wie es am besten passt.

rechts oben auf der Tastatur:
die Lautstärke per Klick steuern

Ganz oben rechts am Bildschirmrand findet sich ebenso ein kleines Lautstärke-Symbol, das Sie anklicken und danach den Regler (wie beim guten alten PC) verschieben können. Praktischer sind aber die Tasten, einfach weil's schneller geht …

Beim Schreiben auf der Tastatur ersetzt die *cmd*-Taste die bisherige *Strg*-Funktion von Windows. Es bleibt die »steuernde Befehls-Taste« – falls Ihnen das als Eselbrücke beim Umstieg hilft.

So können Sie also der *cmd*-Taste die klassischen Arbeitsschritte auch auf dem Mac vollziehen – etwa Kopieren *(cmd-C),* Einfügen *(cmd-V)* oder auch Ausschneiden *(cmd-X).* Ebenso zählen die Befehle *cmd-A* für *Alles Auswählen, cmd-P* für *Drucken (P* steht für »Print«), *cmd-Z* für *Widerrufen* (Eselsbrücke »Z wie Zurück«), oder *cmd-Q* für *Programm beenden (Q* steht für »Quit«, Englisch für »Beenden«) zum Standardrepertoire.

Auf unserer Website finden Sie ein PDF mit einer Tastaturübersicht, die Ihnen den Computeralltag erleichtert. Das Herunterladen kostet nichts. Allerdings möchten wir Sie dazu bitten, sich bei uns kurz zu registrieren (und bestenfalls den Newsletter zu abonnieren). Bitte besuchen Sie dazu die Internet-Adresse `www.mandl-schwarz.com/support/` – es lohnt sich.

Es gibt aber auch zwei typische »Bedienungshürden«, die Ihnen nach dem Wechsel von Windows begegnen:

Die erste Hürde – den Klammeraffen @ – haben wir ja schon erwähnt: statt Ihrer bisherigen Kombination *Alt Gr-Q* heißt es nun *alt-L* zu drücken.

Hier noch die zweite Hürde: Wer in alter Windows-Manier auf dem Mac die Tasten drückt, wo »dereinst« *Alt Gr* lag (das ist dann die rechte *cmd*-Taste) und dazu *Q* drückt, um »windows-like« das @-Zeichen zu bekommen, »erschrickt« anfangs, dass er damit auf dem Mac gleich das gesamte Programm beendet – nämlich über *cmd-Q* (für *Programm | »Quit«),* wie wir es ja kurz zuvor erwähnt hatten. Aber diese Usancen legen Sie schnell ab, da sind wir uns ganz sicher.

Die Systemeinstellungen: Ihre Schaltzentrale

Unter dem »alten« Windows konnten Sie ja Ihren Rechner, Monitor, Tastatur etc. über das Start-Menü (bzw. die Start-Schaltfläche unten links) und dann mit einem Klick auf *Systemsteuerung* fein justieren. Auf Windows 8 war dies am rechten Bildschirmrand das dort auftauchende Einstellungsrädchen. Auf dem Mac erledigen Sie das, indem Sie entweder links oben auf das Apfel-Symbol (welches immer zu sehen ist) klicken und dann auf *Systemeinstellungen* gehen. Oder Sie klicken dazu unten im Dock auf das Symbol mit den Zahnrädern – beide Wege führen dann in das Schaltzentrum Ihres Apple-Rechners.

Hier finden sich etliche Symbole, über die Sie den Rechner an Ihre Bedürfnisse anpassen können. Der Anschaulichkeit halber doch vielleicht ein paar Beispiele:

- Wenn Ihnen die farbige Text-Kennzeichnung am Bildschirm (gerade beim Einsatz von Laptops draußen) zu blass ist, ändern Sie dies bei *Allgemein*.

- Möchten Sie Ihre Kinder an den Mac lassen, sollten diese einen geschützten Bereich zur Nutzung zugewiesen bekommen – das entsprechende (gelbe) Symbol für die *Kindersicherung* findet sich ganz unten.

- Über das Symbol *Netzwerk* gelangen Sie ins Internet (Sie werden auf den nachfolgenden Seiten sehen, wie schnell dies geht). Überhaupt ist diese Symbolzeile vorrangig für Ihre Verbindung zur virtuellen Außenwelt verantwortlich.

Wichtig für Sie als Neueinsteiger in die Macintosh-Welt ist das Suchfeld in den *Systemeinstellungen* oben rechts: Sofern Sie nicht genau wissen, welchen Schalter Sie für welchen Zweck umlegen müssen, geben Sie einfach hier das Stichwort ein; anschließend werden die infrage kommenden Steuer-Symbole per »Licht-Spot« hervorgehoben – einfacher geht's nicht …

Den *Systemeinstellungen* sollten Sie zum ersten Kennenlernen einen ausführlichen Besuch einräumen. Dort liegen eine Menge versteckter Funktionen, die das ungeheure Potenzial von *OS X Mavericks* erahnen lassen. Allerdings achten Sie bitte darauf, dass Sie wirklich nur jene Einstellungen verändern, von denen Sie auch wissen, was dann passiert. Dieses Areal ist nichts für hektische Klick-Manöver!

Ausschalten, Ruhezustand oder Neustart gefällig?

Ihr Mac lässt sich sowohl ganz ausschalten oder mal schnell in den Ruhezustand versetzen. Klicken Sie dazu oben links auf das Apfel-Menü und wählen Sie nachfolgend aus dem erscheinenden Menü den entsprechenden Befehl: *Ruhezustand* und *Ausschalten*.

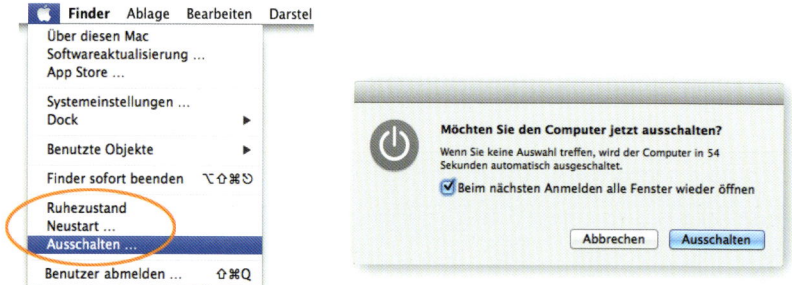

So lässt sich auch ein mögliches Missverständnis gleich klären: Mit dem untersten Menüeintrag »*Benutzer« abmelden* schalten Sie Ihren Rechner nicht ab. Wie bereits kurz angedeutet, ist Ihr Rechner durchaus in der Lage, von mehreren Leuten »bespielt« zu werden. Genau dafür sind diese Abmelde-Optionen gedacht – was aber bei einer Einzelnutzung nicht unbedingt ersichtlich ist.

Den *Ruhezustand* können Sie gern für die »kleine Pause zwischendurch« einsetzen. Abgesehen davon gleiten iMac und MacBook nach einer vorbestimmten Zeit der Inaktivität – beispielsweise wenn Sie durch ein längeres Telefonat abgelenkt sind – in eine Art »Dämmer-Modus«, was vorbildlich Energie spart; etwas später schaltet Ihr Mac in den Ruhezustand.

Das MacBook Pro/Air lässt sich ruckzuck in den Ruhezustand bringen, indem Sie einfach den Bildschirm zuklappen. Bei allen aktuellen Mac-Rechnern klappt das ebenso schnell über das einfache, schnelle Drücken des Ein-/Ausschalters. Es gibt aber noch zwei weitere Ausschalt-Variationen:

- Drücken Sie den Knopf mehr als eineinhalb Sekunden: Dann präsentiert sich dieses Fenster, dass Ihnen auch einen *Neustart* als Option anbietet (falls Ihr Rechner mal »komisch« läuft, das wird aber eher selten nötig sein).

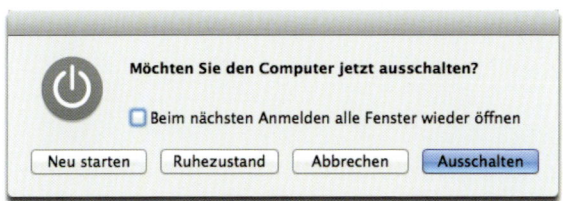

- Und hier noch die »Gewaltmethode«: Wenn Sie über 8 Sekunden lang den *Power*-Knopf drücken, bringen Sie Ihren Rechner zwangsweise zum Schweigen: Er schaltet sich dann aus – ganz egal, welche Programme noch am Laufen waren. Das wäre bitte aber immer nur die allerletzte Option.

Der Ruhezustand spart dabei nicht einfach nur Strom. Ihr Rechner kann – wenn er denn neueren Datums ist – dennoch in der Zwischenzeit z. B. E-Mails empfangen, Ihren Terminkalender aktualisieren oder ein *Time Machine*-Backup durchführen. Die Funktion nennt sich »Power Nap« (dazu im nächsten Kapitel mehr). Bei mobilen Rechnern mit eigener Batterie setzt dies in der Standardeinstellung voraus, dass Sie Ihren Laptop per Kabel mit der Steckdose verbunden haben.

Wenn Sie am MacBook Pro/Air den Rechner »ordnungsgemäß« ausschalten, warten Sie immer einen kleinen Moment, bis das Gerät wirklich heruntergefahren ist. Eilige Zeitgenossen machen den Fehler und klappen den Apple-Laptop noch während des Ausschalt-Vorganges zu – was diesen wiederum unterbricht und nur den weniger Strom sparenden Ruhezustand aktiviert. Zwei Sekunden mehr Geduld garantieren einfach, dass das MacBook (Pro/Air) definitiv aus ist.

In den Grundzügen wissen Sie nun schon einmal Bescheid; Gratulation! Im nächsten Kapitel geht es um die wichtigsten Funktionen am Mac – damit Sie auch langfristig Freude daran haben.

WLAN, Drucker & Co. anschließen, Sicherheitskopie und erste Schritte

Sie halten hier ja keine »lange theoretische Abhandlung« in den Händen, weswegen wir Ihnen nur in einigen wenigen Worten und Bildern zeigen möchten, wie Sie geschwind mit dem Mac Anschluss an das Internet finden.

 Oftmals verfügen Sie als Windows-Nutzer bereits über einen Internet-Anschluss, den Sie bestenfalls nur einfach »umstöpseln« wollen. Oder noch besser: Sie haben daheim ein WLAN / drahtloses Funk-Netzwerk, in das Sie sich zusätzlich einwählen möchten (dem bisherigen PC wird meist noch eine Gnadenfrist zugestanden).

Die frohe Botschaft: Ihr Rechner hat eigentlich schon alle Programme, die nötig sind, an Bord: Zum Verfassen von E-Mails bietet sich das Programm *Mail* an, zum Surfen im Internet das Programm *Safari*.

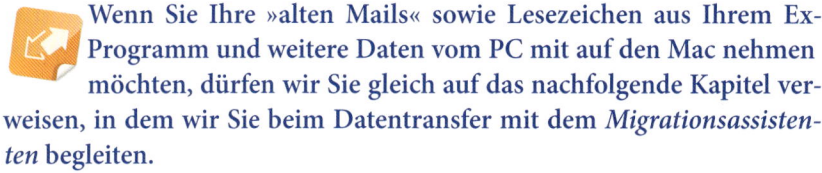 Wenn Sie Ihre »alten Mails« sowie Lesezeichen aus Ihrem Ex-Programm und weitere Daten vom PC mit auf den Mac nehmen möchten, dürfen wir Sie gleich auf das nachfolgende Kapitel verweisen, in dem wir Sie beim Datentransfer mit dem *Migrationsassistenten* begleiten.

WLAN bereits vorhanden? Nichts leichter als das

Es gibt sie noch, die »gute alte« Kabelverbindung zwischen Computer und Internet. Dies wird heutzutage meist über das *Gigabit Ethernet*-Kabel (sprich »Isernet«) bewerkstelligt, dessen Anschluss am Mac/MacBook wir bereits angesprochen haben. Dennoch wird im Großteil der Haushalte heuzutage ein kabelloses Netzwerk gelegt. Zu verführerisch ist es einfach, es sich z. B. mit Laptop oder gar iPad auf der Couch gemütlich zu machen – und von dort dann im Internet zu surfen.

Apple sprach bei einem Drahtlos-Netzwerk eine Zeit lang von *Wi-Fi,* ist nun aber dankenswerterweise auch auf die Bezeichnung *WLAN* eingeschwenkt. Und für den Fall, dass Ihr PC bereits schon per *WLAN* (steht für »Wireless Local Area Network«, also »schnurloses lokales Netzwerk«) verbunden war, ist dies auf dem Mac auch für Ungeübte ein Leichtes, sich dort »einzuklinken«. Die einzige Voraussetzung: Sie brauchen das Passwort, mit dem Ihr WLAN (hoffentlich) nach außen hin geschützt ist.

Ein kleiner Tipp: Wenn Sie gerade die Unterlagen Ihres Internet-/Telekom-Anbieters nicht zur Hand haben, steht dies oft auch auf der Rückseite Ihre WLAN-Gerätes. Dieses kann – je nach Hersteller – eine andere Bezeichnung haben: *Speedport (Telekom), HomeServer (1&1), EasyBox (Vodafone), Fritz!Box* (unabhängig vom Anbieter, Hersteller ist die Berliner Firma *AVM).*

Falls Sie demnächst einen neuen Vertrag mit Ihrem Internet-Versorger (meist Ihr Telekommunikations-Dienstleister) abschließen, seien Sie bei eventuell kostenlos zugelieferten Router-Geräten misstrauisch. Oftmals sind einige Funktionen im Werkszustand abgeschaltet, die Sie erst mit einem Zusatztarif neu aktivieren können. Diese Art von Gratis-Gerät ist also kein Zusatzargument, um den Vertrag einzugehen. Eine mac-fähige *Fritz!Box 7490* – wie alle Modelle der letzten Jahre – lässt Ihnen da mehr Freiheiten. Fragen Sie danach. Bitte achten Sie dann aber auch darauf, dass Sie regelmäßig die Software des Gerätes aktualisieren.

Die Probe aufs Exempel können Sie ganz einfach machen: Oben rechts am Bildschirmrand finden Sie ein Symbol, das wie ein kleines Strahlen-Dreieck aussieht. Klicken Sie darauf – über dieses Symbol erreichen Sie die *WLAN*-Option. Entweder es steht dort *WLAN: aus,* wobei Sie dann auf *WLAN aktivieren* klicken; warten Sie dann einen Moment, da sich Ihr Rechner bei Ihnen daheim (und in der näheren Funk-Umgebung) umschaut, welches Netz den besten Empfang bietet.

Klicken Sie nun nochmals auf das Symbol und identifizieren Sie Ihr persönliches Netzwerk. Manche haben Ihrem Funknetz einen Namen gegeben (den kann allerdings auch Ihr Nachbar lesen). Sollte das Symbol nicht zu finden sein, lesen Sie bitte im nächsten Abschnitt weiter.

Sehen Sie in der Liste der verfügbaren Netze neben den einzelnen Namen ein Schloss-Symbol? Selten ist dies so wichtig wie heute: Denn dann ist Ihr Netzwerk passwortgeschützt, sodass niemand über Ihren Internetzugang »rote Rosen« oder was auch immer bestellen kann. Demzufolge ist mit dem Klick auf den Passwort-Namen auch die Eingabe Ihres persönlichen Kennwortes erforderlich (im Zweifel bitte in den eigenen Unterlagen nachschauen); man nennt dieses Kennwort auch »WLAN-Schlüssel«.

Da Kennworte meist recht kryptisch (oder mit Absicht schlecht zu merken) sind, können Sie bei der Eingabe auch die Option *Kennwort einblenden* aktivieren – es lässt sich so (nur für Sie) besser kontrollieren. Bitte lassen Sie die Option *Dieses Netzwerk merken* ebenso angeklickt. Nach Klick auf *Verbinden* sollte dann rechts oben ein Haken neben Ihrem Netzwerk zu sehen sein.

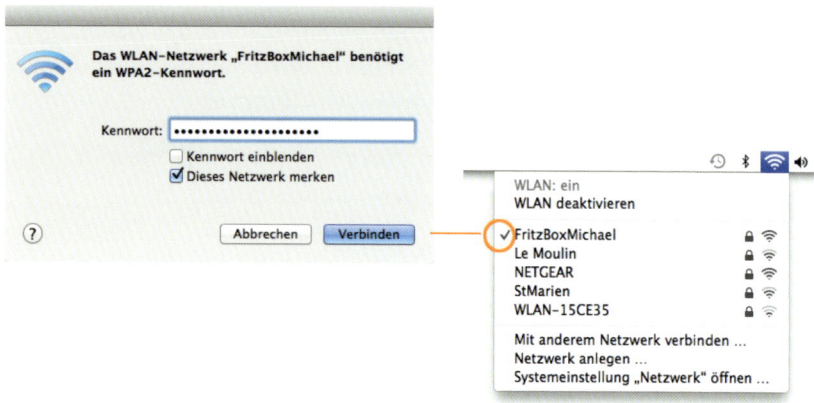

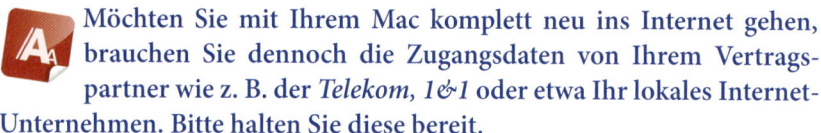

Es kann aber durchaus sein, dass Sie umfassendere Einstellungen treffen wollen, um so das Netzwerk in Ihrem Haus »in Griff zu bekommen«. Dazu lohnt sich der Gang über das *Apfel*-Menü oben links und zu den *System-einstellungen*. Klicken Sie nachfolgend dann auf den Eintrag *Netzwerk*.

Möchten Sie mit Ihrem Mac komplett neu ins Internet gehen, brauchen Sie dennoch die Zugangsdaten von Ihrem Vertrags-partner wie z. B. der *Telekom, 1&1* oder etwa Ihr lokales Internet-Unternehmen. Bitte halten Sie diese bereit.

Mit Erscheinen des Bedienfeldes zum Thema *Netzwerk* lassen Sie sich bit-te nicht verwirren: Links finden sich die angebotenen Netzwerk-Arten, wobei *Ethernet* sich auf die *DSL-Kabelverbindung* zu Ihrem Router (also *Fritz!Box, Speedport* & Co.) bezieht. *WLAN* haben wir gerade schon vor-gestellt. Die *FireWire*-Option ist eher ein auslaufendes Modell (da Apple ja mit Vorliebe neue Kabeltechniken einführt) und *Bluetooth PAN* für »Zwi-schenverbindungen« innerhalb der vorliegenden Geräte in der allernächs-ten Umgebung. *PAN* steht hier für *Personal Area Network* – bei Bedarf errichten Sie so über den bereits erwähnten *Bluetooth*-Funk kleine lokale Netzwerke, um z. B. im Ausland vom Rechner über Ihr Mobiltelefon ins Internet zu gelangen, falls wirklich überhaupt kein WLAN vor Ort ist.

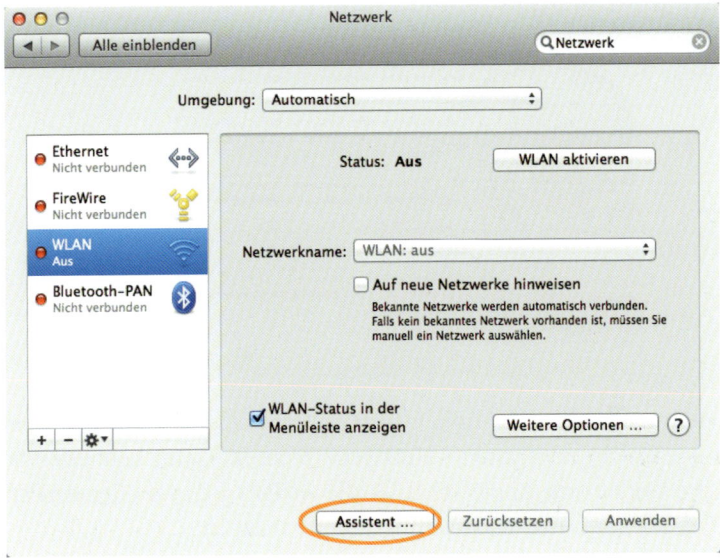

Und wieder können wir Sie beruhigen: Sie müssen kein Informatik-Studium absolviert haben. So drücken Sie jetzt einfach auf den Knopf *Assistent,* der Ihnen beim Einrichten des Internetzugangs hilft.

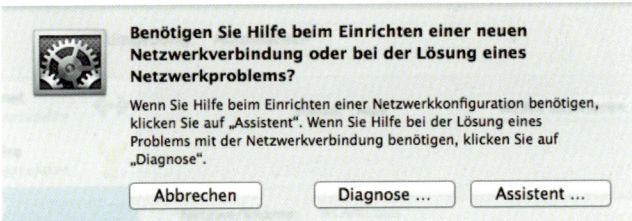

Eine Zwischenfrage gestattet sich Apple noch: Falls Sie »nur« Probleme mit bestehenden Netzwerken haben, wählen Sie dort *Diagnose,* ansonsten nochmals *Assistent,* vergeben Sie dann einen (beliebigen) Namen und klicken sich durch die jeweiligen leicht nachvollziehbaren Optionen.

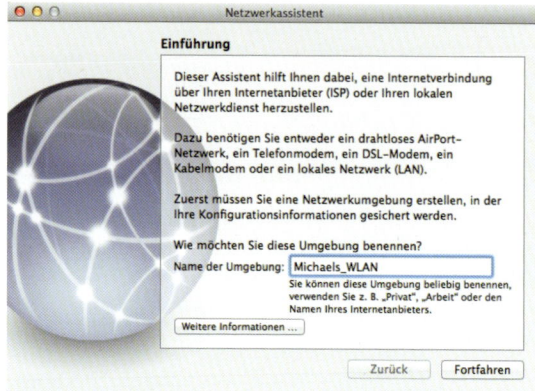

Eine der angebotenen Optionen bezieht sich auf *AirPort*, einer weiteren – hier noch nicht erwähnten – Netzwerk-Technik. Dafür benötigen Sie zusätzliche Geräte von Apple wie z. B. die *AirPort Express* oder *AirPort Extreme*, die Ihr *WLAN* noch leistungsfähiger machen.

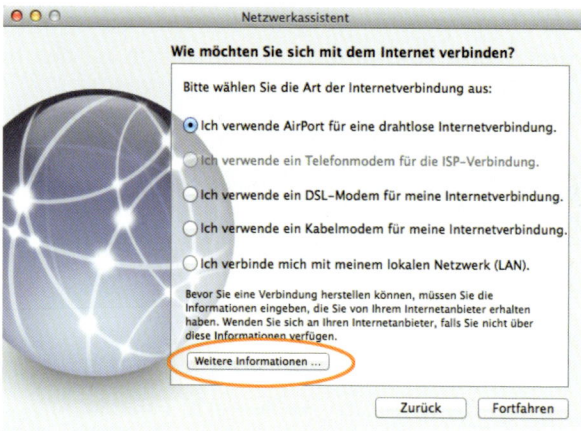

Für den Beginn sei hier der Klick auf die erste Option empfohlen, sofern Sie ein komplett neues *WLAN* einrichten (für andere Optionen lohnt sich der Klick auf *Weitere Informationen,* die die einzelnen »Wege ins Netz« verdeutlichen).

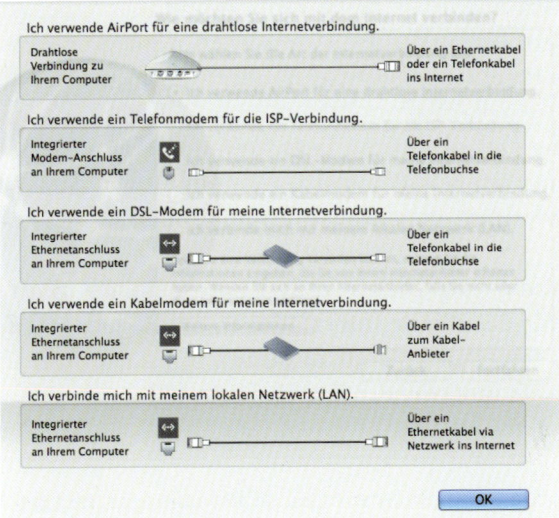

Nach Auswahl gehen Sie dann (bei *WLAN)* auf *AirPort* und Sie bekommen die Ihnen schon bekannte Palette an Funknetzen aus Ihrer Umgebung.

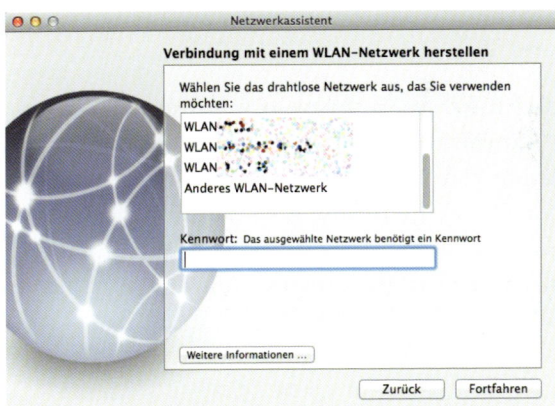

Natürlich gibt es nicht nur *WLAN.* Für die »weißen Flecken« in der Land-karte der digitalen Bandbreiten-Versorgung (unglaublich, dass es das noch in Deutschland gibt) müssen Sie bisweilen auch auf Ihren Router direkt zugreifen. Dafür starten Sie bitte *Safari,* das runde Kompass-Symbol links unten im Dock und geben dann oben – wie eine Internet-Adresse – die von Ihrem Vertragsunternehmen vorgegebenen Stichworte wie z. B. *https:// speedport.ip* (für ein *Speedport*-Gerät) oder *fritz.box* (bei der *Fritz!Box)* ein.

Folgen Sie der Dokumentation Ihres Vertragspartners, die manchmal sogar den Router schon vorkonfiguriert hat und Ihnen dann ein einfaches Kennwort abverlangt – und, voilá, Sie sind drin!

 Nicht nur zum Thema *AirPort Extreme* und *AirPort Express* finden Sie detaillierte Informationen im *Grundlagenbuch zu Mavericks* von Daniel Mandl, das Ihnen somit für (fast) alle digitalen Lebenslagen ein umfassender Ratgeber sein sollte: `www.mandl-schwarz.com/14/mavericks/`

Im Anschluss daran könnten wir gleich die Mails und Internet-Browser einrichten. Doch kommt vor der Kür hier erst die Pflicht – und zwar den Mac auf den neuesten Software-Stand zu bringen.

Wichtig: Programme (automatisch) aktualisieren

Wir hatten dies ja bereits im Vorwort erwähnt: Diese Form der für Sie kostenfreien Aktualisierung hält Ihnen Gefahren aus dem Internet (weitestmöglich) vom Hals. Als Windows-Nutzer mögen Sie dabei vielleicht aufstöhnen, da Ihnen die Meldung »Es liegen Updates vor« damals so manchen Nerv geraubt hat. Nun, ganz so schlimm ist es am Mac nicht – aber das Prinzip der Aktualisierung ist sinnvollerweise identisch.

Die Aktualisierungs-Funktion hält sich recht vornehm im Hintergrund. Der Mac schaut von sich aus in festen Zeitabständen (die Sie auch ändern könnten) nach, ob alles in Ordnung ist. Klicken Sie dazu in bester Apple-Benutzer-Routine oben links auf das Apfel-Menü, um die *Softwareaktualisierung* aufzurufen.

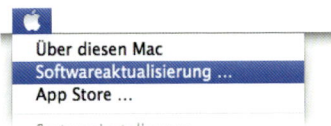

Dort wählen Sie dann rechts oben das Symbol *Updates*. Abhängig von der Geschwindigkeit Ihres Internet-Anschlusses »fahndet« Ihr Rechner nun nach neuen Anwendungen. Geben Sie dem Mac diese Zeit, es lohnt sich wirklich – zudem ersparen Sie sich so selbst die mühsame Suche nach Treibern, wie Sie es vielleicht noch in PC-Zeiten gewohnt waren.

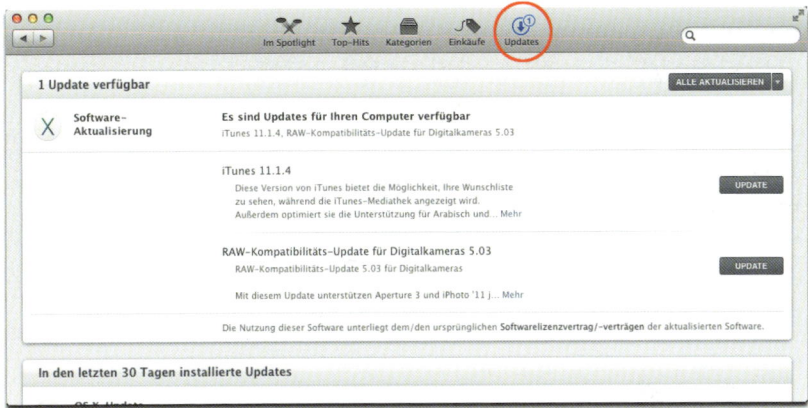

Über die *Systemeinstellungen* und dort über den Eintrag *App Store* finden Sie alle Optionen, um Updates vollautomatisch im Hintergrund laden und installieren zu können. Sind alle Optionen aktiviert, müssen Sie sich im Grunde um nichts mehr kümmern – einzig ein Neustart ist manchmal vonnöten, damit die Software ordentlich installiert werden kann.

Dennoch ist es wichtig, dass Sie sich das folgende technische Know-how aneignen, denn auf dem Mac gibt es einerseits drei Programm-Arten:

- Die erste Gruppe sind die von Haus aus auf dem Mac installierten Programme und jene, die Ihnen Apple auch für einen späteren Download anbietet. Programme – egal welche – werden in der Apple-Welt neuerdings als »App« (von Englisch »Application«: Anwendung) bezeichnet.

Sie können diese (und auch die anderen Apps) erreichen, indem Sie z. B. über ein *Finder*-Fenster links in der Seitenleiste auf *Programme* klicken. Rechts finden sich dann (hier in Symbol-Ansicht) die bis zu diesem Zeitpunkt auf Ihrem Mac (vor-) installierten Apps.

- Die zweite Gruppe sind Mac-Anwendungen, die Ihnen andere Hersteller über den *App Store* anbieten. Neben der großen Auswahl liegt der eigentliche Vorteil für Sie darin, dass Apple für die darüber bezogenen Anwendungen eine Qualitätsprüfung übernimmt.

 Zum *App Store* kommen Sie mit nur einem Klick über Ihr Dock – und zwar über das runde blaue Icon, das aus den drei Symbolen Stift, Pinsel und Lineal ein »A« bildet: eben für *App Store*. Mit Klick auf dieses Symbol öffnet sich dieser Marktplatz der Anwendungen. Schauen Sie sich einmal ein wenig in den anderen Bereichen aus der oberen Fensterleiste um: *Im Spotlight*, *Top Hits* und *Kategorien*. Oder Sie nutzen das Suchfeld rechts oben im *App Store*, in das Sie einen Begriff hineinschreiben.

Um im *App Store* einzukaufen, benötigen Sie wieder Ihre *Apple-ID,* die Sie bereits beim Einrichten Ihres Macs angelegt haben. Das will Apple gern »unter Kontrolle halten«: einige Apps sind gratis, andere kosten Geld. Für Kauf-Apps benötigen Sie entweder eine Kreditkarte oder ein *iTunes*-Guthaben (das Sie als *iTunes*-Gutschein heutzutage über fast jede Drogerie oder Tankstelle erwerben und dann im Store einlösen können).

- Die dritte Gruppe von Anwendungen sind externe Programme, die Sie beispielsweise über das Internet auf Ihren Mac herunterladen. Ein klassisches Beispiel ist das Ihnen sicherlich bekannte Programm *Mozilla Firefox.* Die Installation von externen Apps zeigen wir Ihnen noch exemplarisch. Das Schöne: Nicht wenige Anwendungen gibt es auch als Mac-Version. Sollten Sie ausschließlich eine Windows-Anwendung (z. B. mit der Datei-Endung »*.exe*«*)* finden, müssen Sie sich eben eine solche Windows-Umgebung auf dem Mac installieren. Wie das geht, erfahren Sie etwas später in dieser Umsteigefibel.

Die Crux bei diesem dritten Weg: Sie bewegen sich »im luftleeren Raum«, sprich: Für die Qualität dieser App-Gattung haften Sie selbst bzw. müssen diese auf dem aktuellen Stand halten. Speziell für Programme, mit denen Sie im Internet unterwegs sind – den sogenannten Browsern wie *Safari* oder *Firefox* –, ist das wichtig: Denn diese arbeiten (noch!) mit »Unterprogrammen« wie *Adobe Flash-Player* (kurz: *Flash)* und *Java* vom Hersteller *Oracle,* die wir bereits in der Einleitung kurz erwähnt haben.

 *Flash* ist recht populär, birgt aber die Gefahr, unbeabsichtigt den Computer mit Schadsoftware zu »verunreinigen«. Das gilt im Übrigen sowohl für Windows als auch für den Mac. Mittelfristig wird *Flash* wohl von der bereits zu Eingang der Umsteigefibel erwähnten Softwarelösung *HTML5* abgelöst, sofern *Adobe* sich nicht noch etwas ganz Ungewöhnliches einfallen lässt. Und auch *Java* sorgt manches Mal für Fehlfunktionen – falls (!) Sie es nicht stets aktualisieren.

Über die Website `http://get.adobe.com/de/flashplayer/` von *Adobe* können Sie sich jederzeit die aktuelle *Flash*-Version auf Ihren Rechner laden. Die Anwendung *Java* wird von Apple auf Ihrem Mac routinemäßig deinstalliert; eine Übersicht zu *Java* (definitiv ohne »Installationszwang«!) bekommen Sie bei *Oracle* auf der Website hier: `http://java.com/de/download/manual.jsp`

 Apple hat zudem für Programme einen Sicherheitsbereich installiert – die sogenannte »App-Sandbox«. Damit werden Programme automatisch von Systemkomponenten ferngehalten. Konnte sich bereits eine Schadsoftware durchsetzen und hat Zugriff auf Programme, so werden diese (gewissermaßen auf dem »Standstreifen«) isoliert, sodass kein weiterer Schaden entstehen kann.

Fazit: Wenn Sie sich auf die ersten beiden Programm-Gruppen verlassen, sind Sie auf der sicheren Seite. Bei der dritten Gruppe ist einfach Ihr konstantes Augenmerk gefragt. Aber da Sie aller Erfahrung nach eh anfangs gut mit den »reinen« Mac-Anwendungen arbeiten werden, soll hier auch keine »unnötige Beunruhigung« erzeugt werden.

 Schon seit *OS X Mountain Lion* hat Apple zudem das Feature *Gatekeeper* (was soviel wie Torwächter heißt) eingeführt, das Sie vor dem Installieren »zwielichtiger« Programme schützt. Apple stellt Ihnen dabei über die Systemeinstellung *Sicherheit* (Rubrik *Allgemein*) drei Sicherheitsstufen zur Auswahl, welche Apps (Anwendungen) auf Ihren Rechner gelangen dürfen. Wir empfehlen Ihnen hierbei die Einstellung *Mac App Store und verifizierte Entwickler,* da so neben den Apps aus dem *Mac App Store* auch jene Programme zugelassen werden, deren Entwickler sich über Apple eine eindeutige *Entwickler-ID* haben geben lassen. Sollten Sie weitere Details zu diesen Spezialfeatures wünschen, dürfen wir Sie gern auf das Grundlagenbuch von Daniel Mandl verweisen.

 Neben der Möglichkeit, Programme über das Dock zu starten, können wir Ihnen auch die Programm-Übersicht über das *Launchpad* empfehlen. Hierbei zeigen sich alle Programme – je nach Anzahl auch auf mehrere Seiten verteilt. Um ein Programm zu starten, müssen Sie nur darauf klicken.

Möchten Sie ein Programm löschen, so rufen Sie das *Launchpad* auf und drücken Sie die *alt*-Taste. Die Programm-Icons beginnen nun alle zu wackeln und zeigen zum Teil ein schwarzes »X« an der Symbol-Ecke. Klicken Sie darauf und bestätigen Sie die Sicherheitsnachfrage und die App wird entfernt. Bei Apps, die diesen Löschen-Button nicht aufweisen müssen Sie ein wenig anders vorgehen. Begeben Sie sich dazu in den *Programme*-Ordner und ziehen Sie das unerwünschte Programm mit der Maus auf den Papierkorb. Nach Eingabe des Administrator-Kennworts lässt sich dies nun deinstallieren. Programme wiederum, die zur Grundausrüstung Ihres Mac gehören und von *OS X* benötigt werden, lassen sich nicht löschen. Wie beruhigend.

Time Machine – Ihr Sicherheitsnetz am Mac

Mit dem Kauf eines Apple-Rechners sollte der Händler Ihnen die Anschaffung einer externen Festplatte ans Herz gelegt haben. Schließlich ist es nicht nur wichtig, immer auf dem aktuellen Software-Stand zu sein. Der Datenbestand muss auch gesichert werden.

 Dafür gibt es auf dem Mac die Lösung *Time Machine* (englisch für »Zeitmaschine«; Sie werden gleich kennenlernen, warum das so heißt). *Time Machine* birgt einen der großen Vorteile, warum Sie vielleicht auf den Mac gewechselt sein mögen: Denn nie war es einfacher, eine Sicherheitskopie des Rechners zu erstellen – und zwar ohne großen Aufwand.

Sie sollten diese Gelegenheit wirklich nutzen, auch weil eine solche Festplatte mit einigen Terabyte Speicherkapazität meist nur um die 100€ kostet. Im Vergleich zu dem Ärger, der bei Verlust droht, eine sinnvolle Investition.

Ein Backup (Englisch für Sicherungskopie) ist deswegen essenziell, da auf diesem Weg der ganze Rechner einmal komplett kopiert wird. Dieses schützt Sie dann vor Datenverlust – der auch dem gewieftesten Nutzer einmal drohen kann. Bei einem solchen GAU wäre es dann für Sie ein Leichtes, Ihre Daten wiederherzustellen.

Die Einstellung ist wirklich einfach: Sobald Sie eine externe Festplatte an den Rechner anschließen, ruft sich *Time Machine* automatisch in Erinnerung, indem ein Dialogfeld am Bildschirm auftaucht. Der Klick auf *Als*

Backup-Volume verwenden ist eine gute Entscheidung *(Volume* ist der englische Begriff für Speicherplatz).

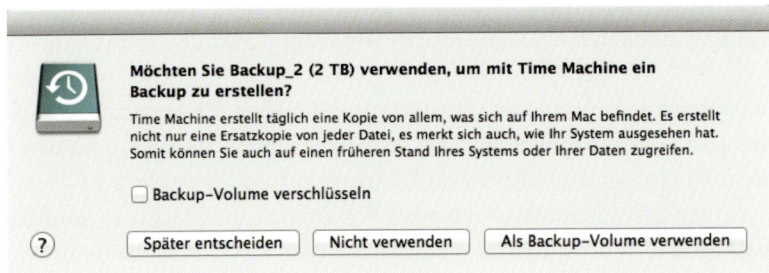

Beim ersten Durchlauf dauert es mitunter ziemlich lang, wird doch schließlich der ganze Mac mit seinem gerade eingerichteten Betriebssystem kopiert. Und lassen Sie sich bitte von der anfänglich eingeblendeten Zeitangabe nicht täuschen: Meist reduziert sich diese noch merklich … Nach diesem ersten vollständigen Backup werden dann stündlich immer nur jene Daten gesichert, die sich zwischen den Speicherabständen geändert haben – und das geht dann bedeutend flotter vonstatten.

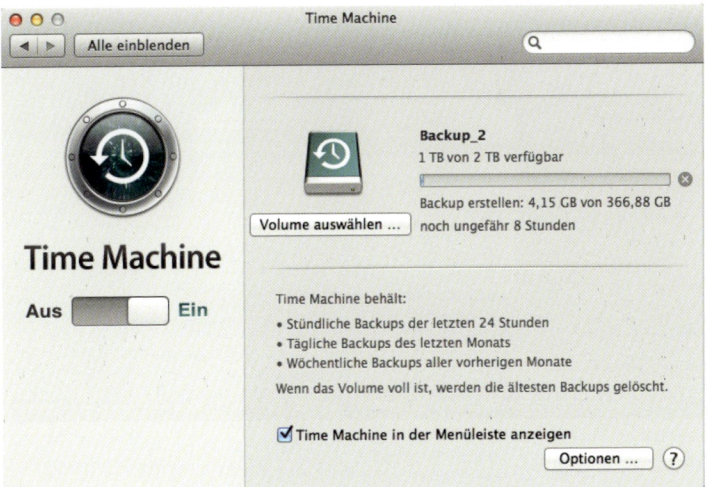

 »Wenn schon, dann ganz sicher?« Sie können Ihre Datensicherung auch mit einem Kennwort verschlüsseln. Hierzu gibt es eine auf dem Mac integrierte Software namens *FileVault*. Offen gesprochen halten wir das fürs Erste für nicht ganz so dringend, zumal Sie später immer noch verschlüsseln können (eine Anleitung finden Sie auch im Grundlagenbuch zu *OS X Mavericks* von Daniel Mandl).

Wie profitieren Sie nun von *Time Machine*? Haben Sie versehentlich eine Datei gelöscht und möchten diese wiederherstellen, so öffnen Sie den betreffenden Ordner und klicken nachfolgend auf das *Time Machine*-Icon im *Dock*. Alternativ klappt das auch per Klick auf das oben rechts in der Menüleiste liegende Symbol mit der rückwärts laufenden Uhr sowie dem Befehl *Time Machine öffnen*. Es öffnet sich der »Weltenraum« und lässt Sie dort mittels der beiden Pfeiltasten den Datenbestand sämtlicher Sicherheitskopien durchforsten. Auch über das Suchfeld oben rechts im jeweiligen *Finder*-Fenster können Sie nach Ihren Dokumenten fahnden. Mit einem Klick auf die verschollene Datei sowie den Knopf *Wiederherstellen* auf der unten liegenden Leiste lässt sich eine Datei wieder ins Leben rufen.

Falls die Festplatte einmal voll sein sollte, denkt der Mac wieder mit: Nach der ersten Komplettkopie werden in engen Zeitabständen die Änderungen am Mac abgespeichert: *Stündlich / Täglich / Wöchentlich*. Bei Platzproblemen werden hierbei ältere, stündlich angelegte Backups gelöscht sowie die Anzahl der (z. B. stündlichen) »Zwischenkopien« verringert, sodass die Daten schlussendlich immerhin noch im Wochenrhythmus bei Ihnen vorhanden sind.

Als Anregung möchten wir Ihnen sogar die Anschaffung einer zweiten Festplatte mit auf den Weg geben, die Sie an einem anderen Standort außerhalb Ihrer vier Wände deponieren und in regelmäßigem Rhythmus austauschen. Denn im Falle eines Wohnungsbrandes oder Diebstahls wären Sie so abgesichert. Und *Time Machine* kann auch mit zwei verschiedenen Festplatten bestens umgehen. Der Hintergrund: Dinge, die mit der eigenen Identität und Geschichte verbunden sind, sind unersetzlich.Dazu gehören all Ihre digitalen Bilder, Filme, Ihre E-Mails und, und, und. Nichts wäre ärgerlicher, als diese zu verlieren.

Bei Rechnern neueren Datums (also ab Ende 2010 bei MacBook Air bzw. den anderen Mac-Typen ab Ende 2012) unterstützt *Power Nap* (übersetzt etwa »Kraft-Schlummer für zwischendurch«) Ihr Apple-System. Diese Funktion sorgt dafür, dass Dinge wie *Time Machine* oder auch *Systemaktualisierungen* auch im Ruhezustand durchgeführt werden. Aktivieren bzw. Deaktivieren können Sie diese Funktion über die *Systemeinstellungen | Energie sparen*.

Und noch einige weitere Apple-Programme mehr bieten eine zusätzliche Funktion á la *Time Machine*: Alle Daten werden in engen Zeitabständen gesichert, sodass die »geniale Idee vor einer Stunde«, die Sie dann gerade eben versehentlich gelöscht hatten, selbst dann wiederhergestellt werden kann. Dieses Zurückgreifen auf alte Dokumenten-Zustände nennt sich *Versionen*. Die *Versionen* können Sie in Anspruch nehmen, indem Sie bei einer geöffneten Datei über das *Ablage*-Menü den Befehl *Zurücksetzen auf | Alle Versionen durchsuchen …* wählen. Im Anschluss können Sie ähnlich wie bei *Time Machine* mit Klick auf die Balken der rechten Zeitleiste in früheren Arbeitsversionen blättern – und diese bei Bedarf aufrufen.

Um es nochmals zu verdeutlichen: Die Funktion *Versionen* ersetzt nicht das gesamte Speicher-Prozedere von *Time Machine*, zumal nicht jedes Programm diese Art der Abspeicherung beherrscht.

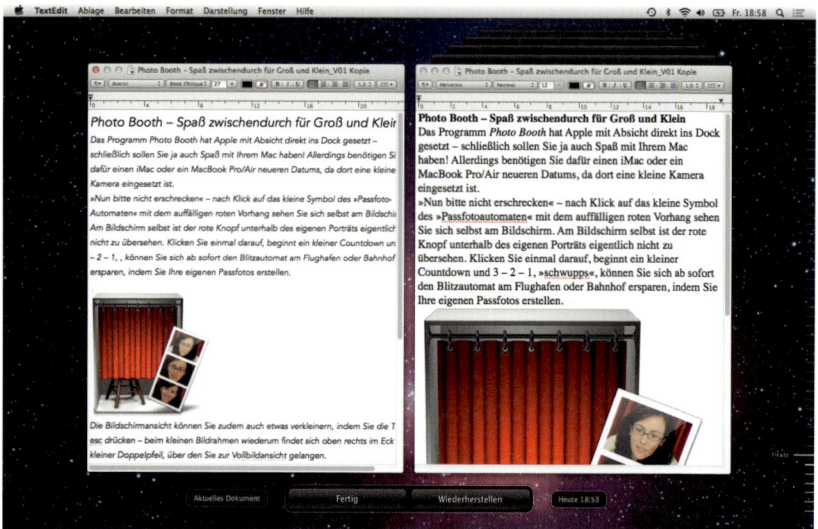

Unsere Empfehlung: Speichern Sie Ihre Dokumente durchaus zwischendurch nochmals mit einem neuen Namen ab; das erhöht zwar die Anzahl der Dateien auf Ihrem Mac – Speicherplatz hat dieser aber schon in der Grundausstattung mehr als genug!

Kennen Sie auf Windows die Tastenkombination *Strg-Umschalttaste-esc*? Damit wurde Programmen, die nicht reagieren wie gewünscht der Garaus gemacht, sprich: sie wurden über den *Taskmanager* beendet. Auf dem Mac gibt es eine ähnliche Funktion, wobei Sie bei Problemen immer zuerst nur einmal testweise die *esc*-Taste drücken sollten. Hilft auch dies nicht, drücken Sie *cmd-alt-esc* und beenden Sie den Problemprogramm.

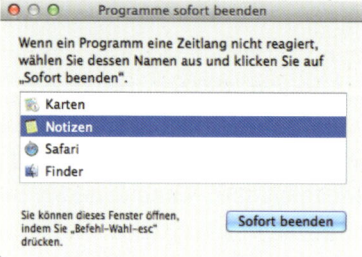

Nun haben Sie Ihren Mac angeschlossen, personalisiert, per Internet aktualisiert und davon eine Sicherheitskopie erstellt. Wir finden, das ist schon eine ganze Menge. Deswegen haben Sie sich im folgenden Abschnitt »etwas Erholung« verdient.

Photo Booth – Spaß zwischendurch für Groß & Klein

Das Programm *Photo Booth* hat Apple mit Absicht mitten ins Dock gesetzt – schließlich sollen Sie ja auch Spaß mit Ihrem Mac haben! Allerdings benötigen Sie dafür einen Rechner mit *iSight-/FaceTime*-Kamera, also einen iMac oder ein MacBook Pro/Air.

 »Nun bitte nicht erschrecken« – nach Klick auf das kleine Symbol des »Passfotoautomaten« mit dem auffälligen roten Vorhang sehen Sie sich selbst am Bildschirm (falls Sie die Kamera nicht schon mit einem kleinen PostIt abgeklebt haben). Der rote Knopf unterhalb des eigenen Porträts ist dabei eigentlich nicht zu übersehen. Klicken Sie einmal darauf, beginnt ein kleiner Countdown und 3 – 2 – 1, »schwupps«, können Sie sich ab sofort den Blitzautomat am Flughafen oder Bahnhof ersparen, indem Sie Ihre eigenen Passfotos erstellen.

Die Bildschirmansicht können Sie zudem auch etwas verkleinern, indem Sie die Taste *esc* drücken – beim kleinen Bildrahmen wiederum findet sich oben rechts im Eck ein kleiner Doppelpfeil, über den Sie zur Vollbildansicht gelangen.

Aber die Passfoto-Funktion ist wahrlich nur der Anfang; die kleinen Symbole unten links im Bild zeigen einmal ein Fenster-Symbol, in der Mitte das Viereck (mit dem Sie dann vier verschiedene Bilder in einem Schwung aufnehmen können) und rechts eine Film-Funktion. Mit allen drei Variationen lassen sich ab sofort äußerst vergnügliche Stunden am Mac verbringen.

Mit Klick auf den *Effekte*-Knopf rechts unten im Bild kommt sogar das Spiegel-Kabinett eines Jahrmarktes aus dem vorigen Jahrtausend wieder zurück – lange Nasen, große Kulleraugen, Herzchen, die über Ihrem Kopf schwirren und vieles mehr werden so auf den Bildschirm gezaubert. Und jedes Mal, wenn Sie sich entweder besonders gelungen oder als »vollkommen daneben« empfinden, drücken Sie die rote Taste und lassen es »knipsen, dass der Mac nur so glüht«.

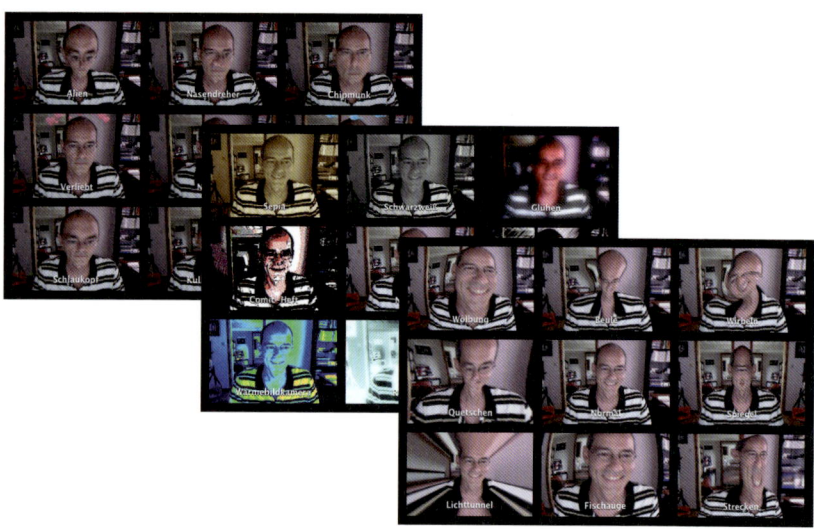

Suchen Sie jetzt schon verzweifelt nach der Löschtaste? Nach Auslösen eines Fotos wird dieses unterhalb der Voransicht am Bildschirm »ausgeworfen«. Klicken Sie dann auf dieses Bild – es erscheint am linken Rand ein schwarzes »x«, mit dem Sie »Erpresserfotos« eliminieren können.

Wer nun Spaß daran gefunden hat, kann auch kleine Kurzfilme drehen. Das kleine Film-Symbol unten links (das rechte von den dreien) haben wir ja schon erwähnt: Nach Klick auf den roten Knopf, dem kleinen Count-down und der beginnenden Filmaufnahme sprechen Sie dann einmal z. B. mit Blick á la »Edgar Wallace« (kennen Sie den noch?): »Hallo, hier spricht Deine Mutter« oder etwa »Dein Großvater« und beenden Sie die Aufnah-me wieder mit Klick auf die rote Taste. Ihre wohlmöglich vielköpfige (En-kel) Kinder-Schar wird es Ihnen mit bravstem Entgegenkommen danken…

Sobald Sie ein Bild unterhalb der Vorschau oder einen Film anklicken, verwandelt sich der *Effekte*-Knopf in eine *Bereitstellen*-Funktion, über die Sie Ihre Werke über die-verse Wege *(Facebook, Twitter,* per E-Mail, *Nachrichten* etc.) in alle Welt verschicken können.

 Photo Booth beenden Sie wie alle Programme, indem Sie im Zweifel erst einmal *esc* drücken, um zur kleineren Voransicht zu gelangen. Danach können Sie links oben am Bildschirmrand eben auf den Programmnamen klicken und nachfolgend die unterste Option *Photo Booth beenden* mit einem Klick auswählen.

Der Spaß mit diesem Automaten hat einen zusätzlichen Sinn: So lernen Sie die Technik der Videokonferenzen spielerisch kennen. Weitere Details hierzu finden Sie am Ende dieses Kapitels.

Kalender und Adressbuch – integrierter Mehrwert

Haben Sie die Adressen und Geburtstage Ihrer Freunde bislang noch hand-schriftlich – z. B. in einem Planer oder Filofax – festgehalten? Prinzipiell ist das ok; dennoch wird Sie Apple geradezu »verlocken«, die Kontakte und Termine zumindest von jenen Bekannten einzutragen, die eben per Mail oder Internet allgemein erreichbar sind (und das sind wohl die meisten).

Durch die integrierte Bedienung am Mac werden Sie diese Daten leicht(er) nutzen können, indem Sie z. B. »nur mal so zwischendurch« eine Mail verschicken können – ohne lang nachzublättern, wie die genaue Adresse lautete. Diesen komfortablen Service werden Sie im digitalen Alltag schnell zu schätzen wissen.

Deswegen sollten Sie die Anwendung *Kontakte* (vormals *Adressbuch* genannt) und die *Kalender*-Funktion vorab erforschen. Hierzu bitten wir Sie, jeweils zwei, drei konkrete Anschriften (wichtig: mit korrekter Mail-Adresse) einzutragen. Das gleiche Prozedere gilt für den *Kalender*, in den Sie z. B. Geburtstage (und sei es von Ihrem Haustier, sofern bekannt) hineinschreiben.

Im Dock am unteren Bildschirm-Rand klicken Sie dazu zunächst einmal das *Kontakte*-Symbol an. Es öffnet sich eine erste Doppelseite: Links finden Sie die noch kurze Liste Ihrer Kontakte und rechts das Detailblatt – eigentlich ganz einfach.

Um einen ersten eigenen Kontakt (neben den eigenen Daten von Ihnen als Administrator, die unterhalb von Apple als Muster schon in der Liste enthalten sind) anzulegen, klicken Sie bitte in der linken Seite auf das Plus-Symbol. Danach können Sie rechts nach Belieben die ersten Daten eintragen. Tun Sie das ruhig einmal in der Art selbstständig, auch wenn Sie in dieser Art später alle Daten vom PC importieren wollen – etwas Routine ist durchaus nötig. Beispielsweise nehmen Sie unsere Kontaktdaten (die Zeilen bei »Notiz« sind aber nicht erforderlich …).

Bitte schauen Sie sich unbedingt die einzelnen Rubriken an. Wichtig sind zwei: Vor/Nachname sowie das Feld, wo Sie jetzt noch *E-Mail* lesen können. Gerade bei Letzterem dürfen Sie keine Schreibfehler machen. Als Test können Sie auch unsere Mail-Adresse *fibel@mandl-schwarz.de* verwenden (über einen kleinen Gruß freuen wir uns immer). Wie das dann mit *Mail* geht, erfahren Sie einige Seiten weiter.

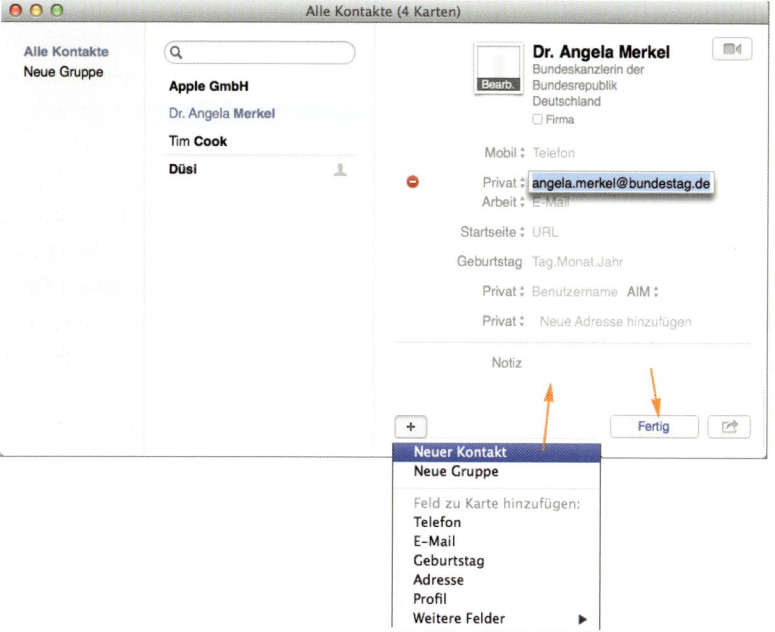

 Denken Sie daran: Den Klammeraffen – also den »Kringel« in der Mitte einer E-Mail – schreiben Sie am Mac mit der Tastenkombination *alt-L*.

Auf Wunsch lassen sich die Rubriken mit einfachem Klick ändern, sodass der Eintrag neben dem Feld *E-Mail* von *Privat* auf *Arbeit* gewechselt werden kann – das macht aber nur bei intensiverem Gebrauch des Adressbuchs später mal Sinn (das gilt auch für den Telefon-Eintrag, der ja nicht von Anfang an *Mobil* heißen muss).

In unserem Bildbeispiel haben wir probehalber einen Doktor-Titel eingefügt; das bekommen Sie über das Menü *Visitenkarte | Feld zufügen | Titel.* Nur falls von Interesse …

Und natürlich können Sie Testeinträge auch eliminieren, indem Sie diese links in der Liste einmal anklicken und dann über das Menü *Bearbeiten* den Eintrag *Visitenkarte löschen* wählen. Abschließend klicken Sie über das Menü oben *Kontakte | Kontakte beenden.*

Ein Wermutstropfen: Die Daten werden in den USA abgelegt und der deutsche Datenschutz – immer wieder eifrig diskutiert (Stichwort: »Supergrundrecht«) – greift nur noch in Teilen. Doch bei den meisten Firmen und Privatpersonen stellt sich die Frage nicht so sehr: Schließlich sind die Daten dennoch geschützt (vor dem Nachbarn oder Wettbewerb – was ein wichtiges Argument ist), besser sogar als auf Windows-Kisten (man denke nur an *Windows XP).*

Schauen wir kurz noch einmal in den *Kalender.* Klicken Sie dazu im Menü unten auf das entsprechende Symbol. Ihr Augenmerk möchten wir hier vor allem auf die Auswahlliste am oberen Rand richten: *Tag / Woche / Monat / Jahr,* bei der naturgemäß die Optik mit dem jeweiligen Klick darauf wechselt.

Sobald Sie nun auf einen Tag doppelt klicken, öffnet sich ein Fenster, das Ihnen persönliche Eintragungen ermöglicht.

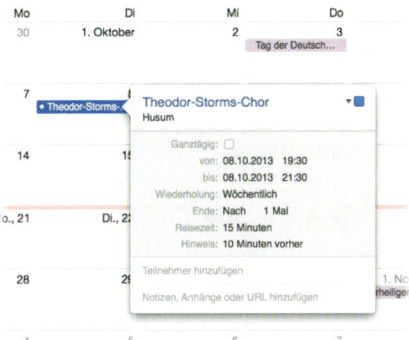

Spannend und auch praktisch ist dabei aber vor allem die Möglichkeit, etwa Geburtstage von den Lieben daheim und auch »strategisch wichtigen« Personen (Schwiegermutter & Co.) mit Klick auf die Rubrik *Wiederholen* auf *Jährlich* oder einen anderen, frei anpassbaren Zeitrhythmus einzustellen.

Der Clou für iPhone-, iPod- und iPad-Besitzer: Sofern Sie einen *iCloud*-Account konfigurieren (dazu später mehr), werden Sie nach dem Synchronisieren mit Ihrem Mac auf allen Geräten an diese »Events« erinnert – auf Wunsch (nach Ihrer Eingabe) auch zeitig vorab, um dann mit Blumenstrauß in der Hand den Spruch zu ernten: »Also, dass du daran gedacht hast …«

Entsprechend können Sie Termine im *Kalender* auf anderen Apple-Geräten, welche mit Ihrer Apple-ID angemeldet sind, organisieren – beim nächsten Abgleich sind auch die Kalender überall auf dem Laufenden.

Alle hier in der Umsteigefibel vorgestellten Programme bergen noch etliche Funktionen. Lassen Sie sich bei Eintreffen oder Verlassen von einem Ort (Supermarkt, Apotheke, Kindergarten, Müllabfuhr – »alles machbar«) an bestimmte Aufgaben erinnern – was Ihr iPhone / iPad dank der Standortdaten dann auch treu erledigt. Ein guter Tipp, um hier wirklich die »ganze Vielfalt« zu erfahren, sind natürlich die *Praxisbücher zu iPhone oder iPad (ab Version iOS 7)*, z. B. www.mandl-schwarz.com/14/iphone/

Natürlich können Sie auch Kalender für eine größere Nutzergruppe eröffnen. Hierzu benötigen Sie eine eigene Kalender-Gruppe innerhalb der Anwendung. Über diese laden Sie dann weitere Teilnehmer (die Sie am besten in den Kontakten vorher eingetragen haben) per Mail dazu ein, gemeinsame Termine zu vereinbaren.

Die aktuelle *Kalender*-Version wartet – natürlich! – mit weiteren Funktionen auf. So können Sie z. B. (auswärtige) Termine mit Ortsangabe definieren. Sofern Sie dem Mac die eigene Standortbestimmung über das Internet erlaubt haben, können Sie dann auch die Reisezeit ermitteln lassen, die Sie entweder mit dem Auto oder zu Fuß benötigen würden. Selbst das Wetter am Zielort kann man sich anzeigen lassen. Sie merken schon, je mehr Sie die hauseigenen Apple-Programme nutzen, desto eher steigert sich auch der Mehrwert Ihres Macs.

Bildschirmhintergrund – eigene Motive suchen

Wer von der Windows-Seite her auf den Mac wechselt, weiß zumeist, wie man den »Desktop« mit einer persönlichen »visuellen Duftnote« versieht, um so statt des Standard-Bildschirms etwa ein anderes Windows- oder Urlaubs-Bild im Hintergrund anzeigen zu lassen.

Das geht am Mac natürlich genauso. Abgesehen davon finden wir den bei der Auslieferung bestehenden Bildschirmhintergrund viel zu unruhig – doch das lässt sich ändern: Gehen Sie über das Apple-Menü in die *Systemeinstellungen* und dann dort in der ersten Zeile auf *Schreibtisch & Bildschirmschoner*.

Alternativ gelangen Sie auf die Systemeinstellungen, indem Sie im Dock auf das Symbol mit dem Zahnrad klicken. Und noch zwei Wege wären möglich: Drücken Sie die *ctrl*-Taste und klicken Sie auf den Bildschirm bzw. führen Sie einen Rechtsklick oder einen Zweifingertipp auf dem Trackpad darauf aus – es erscheint das Kontextmenü mit der Option *Schreibtischhintergrund ändern*.

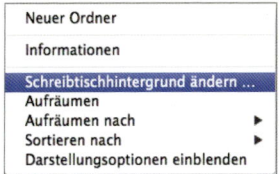

Im erscheinenden Dialogfeld stellt Ihnen Apple eine Menge an kunterbunten und aufregenden Bildern für den Hintergrund bereit, wobei jedoch auch einfarbige Hintergründe zur Verfügung stehen. Bei Verwendung mehrerer Bildschirme lässt sich zudem auf jedem Display ein gesonderter »Eye-Catcher« einrichten.

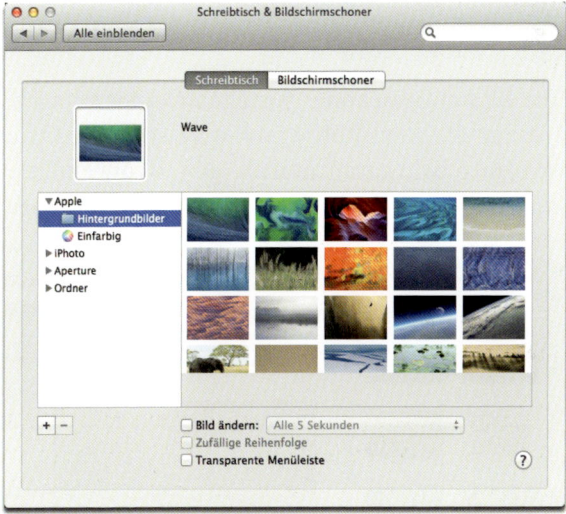

Weniger ist mehr – suchen Sie sich gerade für den Anfang ein ruhiges Bildmotiv aus. Schließlich ist die Umgebung noch neu – und die Daten auf dem »Desktop« / Schreibtisch finden sich dann einfach leichter. Später können Sie immer noch »umdekorieren«.

Aber auch das sei verraten: Sobald Sie später eigene schöne Bilder in den Rechner importieren, lassen sich auch diese als »Hintergrund-Deko« verwenden.

Kennen Sie die Bildschirmschoner aus alten Computertagen? Eigentlich sollten diese ja nur die alten Röhrenmonitore schonen. Da es diese Gattung an Bildschirmen bald gar nicht mehr gibt, ist die Funktion technisch fast überflüssig, aber dennoch (vielleicht auch aus Gewohnheit) nett …

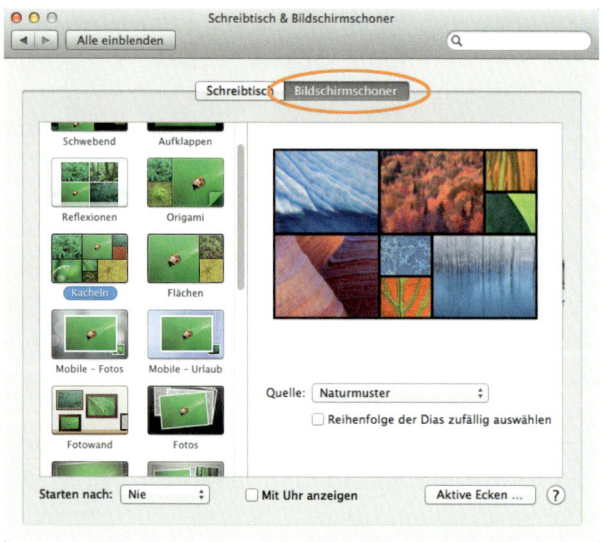

Klicken Sie daher im gleichen Dialogfeld oben auf die Rubrik *Bildschirm-schoner*. Zur Auswahl stehen Diashows in verschiedenen Varianten (etwa *Reflexionen, Kacheln, Mobile, Fotowand* etc.) sowie die waschechten Bild-schirmschoner wie beispielsweise *Wirbel, Zufall* oder *Shell*.

Bei den Diashows steht es Ihnen frei, ob Sie dabei auf eigene Bilder (aus *iPhoto, Aperture* oder einem anderen *Bilder*-Ordner) oder auf Apples Standardsammlungen wie *National Geographic, Luftaufnahme, Kosmos* oder *Naturmuster* zurückgreifen. Definieren Sie folglich zuerst Ihr Bilder-repertoire und anschließend die Art der Diashow – im rechts liegenden Vorschaufenster lässt sich dann Ihre Auswahl schon einmal bewundern. Zum Schluss legen Sie dann noch einen Starttermin (zwischen einer Mi-nute und einer Stunde) fest, nach dessen Zeitraum die Diashow loslegen soll, und fertig ist der ganz persönliche Bildschirmschoner.

Videokonferenzen mit FaceTime, Nachrichten und Skype

Die Videofunktion von *Photo Booth* war eine gute Übung für Videokonfe-renzen, die nicht nur in der Unternehmenswelt, sondern auch im privaten Umfeld Einzug halten. Dafür finden Sie am Mac zwei Optionen, die von Haus aus angeboten werden: *Nachrichten* und *FaceTime* (zwischen Apple-Geräten). Zu *Skype* von *Microsoft* (zwischen Windows- und Apple-Gerä-ten) folgen dann etwas später einige Details.

Die Ausrüstung am iMac oder MacBook (Pro/Air) ist ja vollständig (Ka-mera, Lautsprecher, Mikrofon – alles drin). Und das Schöne: Sie können so mit allen Apple-Geräten, also auch mit den mobilen Varianten iPad, iPhone und iPod touch kommunizieren.

Innerhalb von WLANs, die es ja auch zuhauf unterwegs gibt, ist das ab-solut empfehlenswert. Im Mobilfunknetz sollten Sie allerdings ein Auge auf die Größe der Übertragungs-Daten haben – schließlich sind Videos immer etwas umfassender.

 Für beide Anwendungen – *Nachrichten* und *FaceTime* – benötigen Sie zuerst einen Account. Auch Ihr »Gegenüber« braucht ein Apple-Gerät und dort einen solchen Account.

Bei *FaceTime* reicht die Angabe der *Apple-ID* aus, die Sie ja schon etwas früher angelegt haben. Darüber hinaus werden Sie um einige weitere persönliche Daten gebeten, um den Zugang nach außen hin noch besser abzusichern. Das ist auch sinnvoll (beim Geburtsdatum wird aber nicht das Jahr abgefragt, so weit kommt's noch …). Im Anschluss können Sie problemlos miteinander per Video plaudern.

Bestenfalls haben Sie Ihren *FaceTime*-Partner schon zuvor im Adressbuch mit Mail-Adresse eingetragen (die Mühe des Daten-Einpflegens lohnt sich also). Danach ist dieser im Fenster *Kontakte* enthalten und Sie können diesen wiederum mit einem Klick auswählen.

 Es lassen sich – wie so oft – noch zahlreiche Zusatzfunktionen aktivieren. Die Liebsten daheim können Sie so z. B. als *Favoriten* deklarieren, was die Kontaktaufnahme zu diesen noch leichter macht. All dies finden Sie im *Grundlagenbuch zu Mavericks*.

Die Funktion *Nachrichten* können Sie auch mit anderen Accounts (etwa *Google, Yahoo!, AOL)* am Mac betreiben.

Nachrichten arbeitet mit einer Übertragungsart namens *iMessage*. Damit lassen sich – ähnlich einer SMS/MMS, aber eben ohne Gebühren – Texte, Bilder, Videos und Dokumente austauschen. Die Kommunikation läuft über die Apple-Server. Und es funktioniert sogar mit größeren Daten (mobil per iPad / iPhone / iPod touch mit maximal 10 MB, innerhalb von Mac-Rechnern bis zu 100 MB).

Klicken auf das Sprechblasen-Symbol im Dock. Denn ein bisschen Konfigurationsarbeit ist schon vonnöten, um Ihren *Nachrichten*-Zugang einzurichten. Der Benutzername und das Passwort sind dabei die wichtigsten Fakten. Anschließend klicken Sie bitte auf *Anmelden*.

Natürlich brauchen Sie einen Gegenpart, wobei auch dieser eine entsprechende *ID* benötigt. Ein iPhone-Nutzer sollte zudem seine Mobilfunknummer angeben, um so eben auch unterwegs per Handy erreichbar zu sein.

Was ist nun, wenn Ihr Gegenüber mal nicht erreichbar ist? Schließlich gibt es ja auch ein Leben ohne Computer … Keine Sorge, dann wird Ihrem Korrespondenz-Partner über die sogenannte *Mitteilungszentrale* eine Notiz geschickt, die wir ein wenig später noch ansprechen werden. Und natürlich können Sie Ihren Chat mit allerlei Smileys und Zusatzsymbolen zieren – die entsprechende Symbolpalette bekommen Sie mit Klick auf den Smiley rechts neben der Text-Eingabezeile – wie im vorigen Bild unten angegeben.

Skype – Videochat auch mit Windows-Nutzern

 Wenn Ihnen die Art der Videokommunikation gefällt, muss Ihr Gegenüber noch nicht mal einen Mac haben. Mit *Skype,* welches Sie sicherlich schon einmal gehört haben, können Sie ebenso weltweit über das Internet »konferieren« (schließlich ist *Skype* für 40% des Videotelefon-Verkehrs verantwortlich).

Allerdings müssen Sie sich dafür aus dem Internet die entsprechende *Skype*-Variante für den Mac herunterladen, die natürlich kostenlos verfügbar ist:
`www.skype.com/de/download-skype/skype-for-computer/`

Die Installations-Datei liegt im *Download*-Ordner, den Sie rechts im Dock finden. Öffnen Sie ihn und klicken Sie anschließend auf die Datei *Skype. dmg* (innerhalb eines Fensters müssen Sie die Datei *Skype.dmg* doppelt anklicken). Das sich zeigende *Skype*-Programmlogo ziehen Sie nun links in die Rubrik *Programme;* das war's!

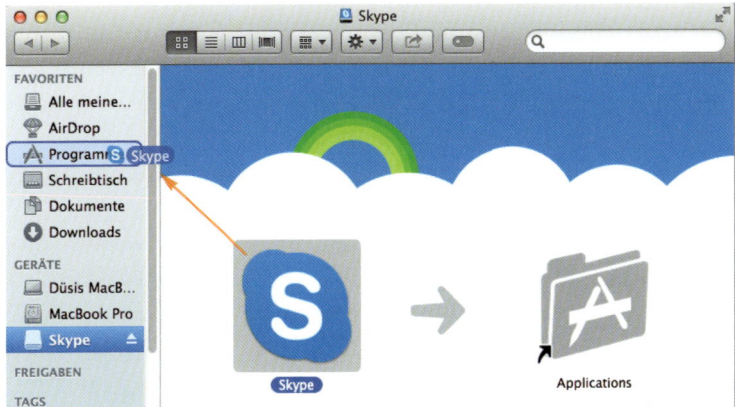

Beim ersten Start von *Skype* (über das *Launchpad* oder aus dem *Programme*-Ordner heraus) bekommen Sie noch einen Warndialog gezeigt, ob Sie solch ein »fremdes Programm« auch wirklich öffnen wollen (das kennen Sie ja auch von Windows).

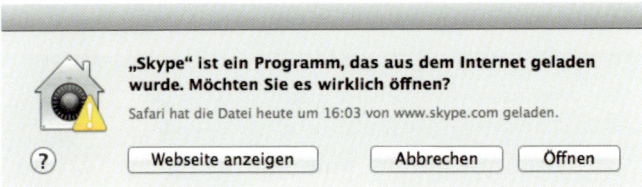

Anschließend erfolgt noch die Registrierung sowie die Kontaktverwaltung (oder auch die Suche nach entsprechenden Gesprächsteilnehmern). Das Ganze ist recht einfach zu bewerkstelligen, sodass wir Ihnen nun schon viel Spaß bei der Internet-Unterhaltung wünschen.

TeamViewer –
lassen Sie sich helfen: unabhängig vom Mac

 Nach *Skype* zeigen wir gleich noch ein weiteres, nicht von Apple stammendes Programm, welches sich auf dem Mac installieren lässt. So ist es technisch möglich, von außen auf Ihren Mac zuzugreifen. Das ist praktisch, wenn Sie jemanden in Ihrem Bekanntenkreis haben, der sich mit dem Mac auskennt. Dieser kann dann mit Ihnen zusammen an Ihrem Rechner Probleme »per Fernwartung« klären. Diese Software-Lösung ist dabei unabhängig, ob Ihr externer Helfer selbst einen Windows- oder Mac-Rechner nutzt. Einen Internet-Anschluss braucht er allerdings schon.

Die Software nennt sich *TeamViewer* und ist sowohl für den Mac als auch für Windows erhältlich. Sie können die Software kostenfrei aus dem Internet laden, indem Sie in Ihrem Web-Browser *Safari* die Internet-Adresse www.teamviewer.com/de eingeben. Klicken Sie dort auf den grünen Knopf *Kostenlose Vollversion starten*. Zur Erinnerung: Auch etwaige Helfer per PC oder Mac müssen die Software herunterladen und installieren.

Zum Hintergrund: Die Anwendung ist auch bei Unternehmen beliebt; dennoch müssen / sollten diese auch für die Nutzung zahlen. Als Einzelanwender reicht Ihnen aber diese Gratis-Version für Ihre Bedürfnisse vollkommen aus.

Mit Klick auf den *Download*-Ordner (den kennen Sie ja schon von *Skype*) und dem Klick auf den Namen *Teamviewer.dmg* öffnet sich das Installationspaket in Form einer Art Umzugskarton mit gelbem Baustein, die Sie doppelt anklicken können. Nach der Einabe Ihres Administratoren-Passworts erfolgt die Ihnen bekannte Installationsroutine, die an sich selbsterklärend ist.

Sobald *TeamViewer* erfolgreich installiert ist, finden Sie es im *Programme*-Ordner. Sie starten es mit Doppelklick; beim ersten Mal müssen Sie aber noch auf die Option *Überspringen* klicken, da der Rechner ja nicht standardmäßig von außen gewartet werden soll (sondern nur auf Ihren Zuruf).

Aus dem sich anschließend zeigenden Dialog notieren Sie sich bitte Ihre *TeamViewer-ID* auf der linken Seite. Sobald dann auch Ihr Helfer seine *Teamviewer*-Anwendung gestartet hat, müssen Sie Ihr Kennwort – am besten nur fernmündlich – verraten. Dieses Kennwort ändert sich mit jedem neuen Programmstart.

Wie bei allen Programmen, die über das Internet arbeiten, ist immer eine gewisse Vorsicht angebracht. Schließlich möchten Sie ja nicht, dass da Ihnen jemand »unfreiwillig« auf den Rechner schaut. Im Laufe der Versionen hat sich *TeamViewer* gemausert und bietet zusätzliche Optionen an. Diese finden Sie, wenn Sie links oben im Menü *TeamViewer* auf *Einstellungen* klicken. Dort können Sie z. B. über das Symbol *Sicherheit* Ihre Kennwortsicherheit erhöhen. Viel wichtiger ist aber, dass Sie nach einer »externen Hilfe-Sitzung« über den Menüpunkt *TeamViewer* das Programm unbedingt wieder beenden (oder dies per Tastenkombination *cmd-Q* tun).

Mit Preisgabe Ihres Kennwortes an Dritte können diese nun auf Ihren Mac zugreifen – und »Abrakadabra« die Maus auf Ihrem Bildschirm folgt auch den Bewegungen des Helfers von außen. Eine durchaus praktische Art und Weise, um sich Unterstützung bei den ersten Schritten auf dem Mac zu holen!

Bis hierher haben Sie schon ein ordentliches Stück Wegstrecke am Mac geschafft. Nun heißt es, weitere Anwendungen kennenzulernen und die Daten herüberzuholen, die noch auf Ihrem alten PC schlummern – bzw. zumindest jene, bei denen Sie Wert darauf legen – etwa lieb gewonnene Bild-Dokumente, Briefe und auch Kontakte.

Daten transferieren per Migrationsassistent – und gleich mailen, surfen & kommunizieren

Windows ade – so gelingt der Umzug

Was waren das für Zeiten, in denen der »Switch« von einem Rechner zum anderen auch deswegen so schwer fiel, weil man gar nicht daran denken wollte, alle lang gepflegten, persönlichen Daten verschieben zu müssen. Der Wechsel auf einen Mac erschien nahezu unvorstellbar.

 Das Betriebssystem *OS X Mavericks* lässt diese »Ängste« mit einem Mal verschwinden; denn es bringt Ihnen den soge-nannten *Migrationsassistenten*, der Ihnen wirklich hilfreich zur Seite steht. Auf dem Windows-PC wird dabei *Windows XP* mit *Service Pack 3* als Minimalanforderung definiert.

Die eigentliche Arbeit liegt aber – wie bei einem effizienten Wohnungsum-zug – in der Vorauswahl, was überhaupt mit soll. Ein Beispiel: So haben Sie mit Sicherheit über die Jahre etliche digitale Bilder / Fotos an verschiede-nen Stellen auf Ihrem Windows-PC abgelegt. Wichtig ist jetzt, diese vorab in einen »Karton«, sprich: Ordner hineinzupacken – und zwar in den, den Windows dafür vorgesehen hat: *Bilder.*

Hier eine Übersicht, welche Windows-Ordner der *Migrationsassistent* auto-matisiert mitnehmen kann:

- Bilder
- Dokumente
- Musik
- Videos

Darüber hinaus ist es für viele Nutzer wichtig, ihre E-Mails – gewisser-maßen als »digitales Tagebuch« – und auch ihre Internet-Favoriten (als »virtuelle Lesezeichen«) mitzunehmen. Auch die Kontakte und Termin-kalender-Einträge sind oftmals von Bedeutung. Zu beiden Bereichen, den

»großen Umzugskartons für Bilder, Dokumente« etc. und den »virtuellen Gütern«, beschäftigen wir uns im Folgenden.

Möglichkeiten für den Umzug: Datenträger, Netzwerk und Kabel

Vorab stellt sich noch die Frage, wie der Umzug genau vonstatten gehen soll. Dazu haben Sie verschiedene Möglichkeiten: Entweder Sie nutzen einen Datenträger, auf den Sie diese Daten einzeln (oder ordnerweise) hinaufkopieren. Als Beispiel sei ein USB-Stick oder eine externe Festplatte genannt. Den Stick bekommen Sie im Handel mit stattlichen 32 Gigabyte schon für rund 30€.

Noch eher empfiehlt sich – allein schon aus Platzgründen – eine sogenannte externe Festplatte, wie wir Sie bereits zum Thema »Sicherheitskopie mit *Time Machine*« erwähnt haben. Das Gute daran: Nach dem Umzug nutzen Sie diese einfach weiter für *Time Machine*.

Eine handelsübliche externe Festplatte für 100€ umfasst dabei zwischen 2 und 3 Terabyte, das sind also üppige bis zu 3.000 Gigabyte! Das sollte allemal für den Umzug und die spätere sinnvolle Weiterverwendung reichen.

Die meisten Festplatten sind für Windows vorformatiert, was für den Mac jedoch kein Problem ist, da er damit umgehen kann. Wie man solch einen externen Datenträger später »ausschließlich auf Mac ummodelt«, beschreiben wir im umfassenden Grundlagenbuch. Sie wollen ja hier kein »Informatiker« werden, sondern einfach nur mit Daten umziehen …

Sofern Sie bei einem Umzug von Windows auf den Mac das direkte Kopieren von Rechner zu Rechner bevorzugen, so ist auch das über ein Computer-Netzwerk – sowohl per Kabel als auch per WLAN – möglich. Im ersten Fall müssen Sie die beiden Rechner einfach mit einem *Ethernet*-Kabel (Kosten etwa 10€) verbinden. Die entsprechenden Anschluss-Möglichkeiten (teils über einen *Thunderbolt-Ethernet*-Adapter) haben wir ja bereits in einem Vorkapitel gezeigt. Und für einen reinen Umzug reicht diese Option meist vollkommen aus.

Bei der *WLAN*-Variante müssen beide Rechner bereits in ein Netzwerk eingebunden sein. Bestenfalls haben Sie das ja schon bei der Anmelde-Prozedur erledigt. Ansonsten kommen wir noch etwas später unter dem Stichwort *WLAN* darauf zu sprechen.

Um nun Dateien zwischen Mac und PC austauschen zu können, müssen Sie auf dem Mac für diese *WLAN*-Variante die *Systemeinstellungen* ändern. Rufen Sie diese auf und klicken Sie dort auf das Ordner-Symbol *Freigaben*.

Im Bedienfeld finden Sie links den Punkt *Dateifreigabe,* den Sie nun anhaken. Damit ist der sogenannte *Öffentliche Ordner* an Ihrem Mac zugänglich. »Öffentlich« insofern, als dass nun hier gewissermaßen für auswärtige Rechner eine Art »Postablagestelle« auf Ihrem Mac eingerichtet ist. Darin befinden sich keine weiteren sicherheitsrelevanten Informationen von Ihrem Apple-Rechner.

Rechts in diesem *Freigaben*-Fenster klicken Sie anschließend auf die *Optionen.* Dort sollten nun die beiden Optionen *Dateien und Ordner über SMB freigeben* und *Dateien und Ordner über AFP freigeben* ebenso aktiviert sein. Darüber hinaus wählen Sie dann noch den Nutzer dieses Macs aus (aller Wahrscheinlichkeit sind Sie dies ja selbst) und setzen einen »letzten« Haken vor Ihren Namen. Zur Sicherheit werden Sie noch nach Ihrem Passwort gefragt; bestätigen Sie Ihre entsprechende Eingabe mit *Fertig.*

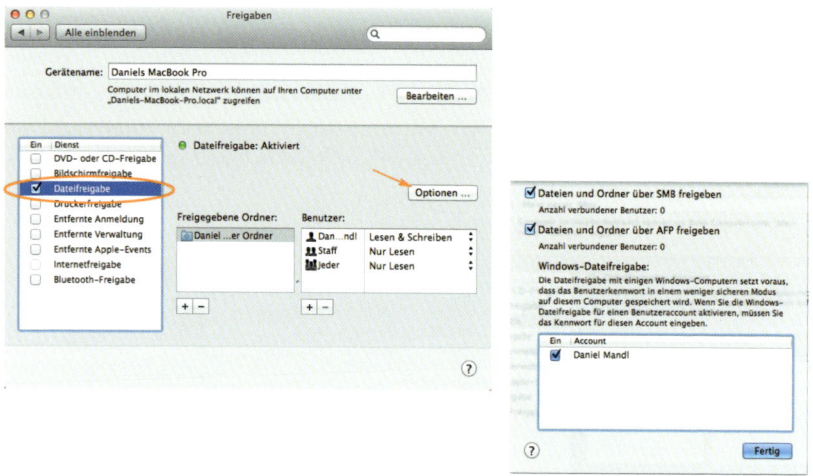

Ihr PC sollte natürlich ebenso in das Drahtlos-Netzwerk eingebunden sein. Das geschieht entweder bereits bei der Einrichtung des PC – oder Sie begeben sich dazu über die Systemsteuerung zum *Netzwerk und Freigabecenter.* Dort wiederum klicken Sie auf *Verbindung mit einem Netzwerk herstellen.* Über das auftauchende Fenster sollte nun – das kann jedoch ein Weilchen dauern – die Drahtlosverbindung auftauchen. Klicken Sie darauf, so wird der Button *Ver-*

binden eingeblendet, auf den Sie ebenso klicken. Nun müssen Sie das Kennwort eingeben. Nach der Verbindung finden Sie dann über den *Windows-Explorer* und dort bei *Netzwerk* neben Ihren freigegebenen Ordnern auch die entsprechenden Mac-Zugriffsmöglichkeiten.

> **Bis sich beide Computer (Mac und PC) finden und identifizieren, können schon einmal ein paar Minuten ins Land gehen. Seien Sie also geduldig. Im Zweifel können Sie auch nach der Konfiguration der Rechner einen Neustart beider Computer durchführen bzw. auf dem PC per Kontextmenü den Befehl *Aktualisieren* wählen.**

Möchten Sie nun auf den Mac zugreifen, so doppelklicken Sie den entsprechenden Eintrag und geben Sie wie gewünscht den (Apple-) Benutzernamen sowie die Kennung ein. Danach werden die zugehörigen Inhalte eingeblendet und die »Kopie-Orgie« kann beginnen, indem Sie einzelne Ordner auf dem Windows-Rechner in die Mac-Ordner hineinziehen.

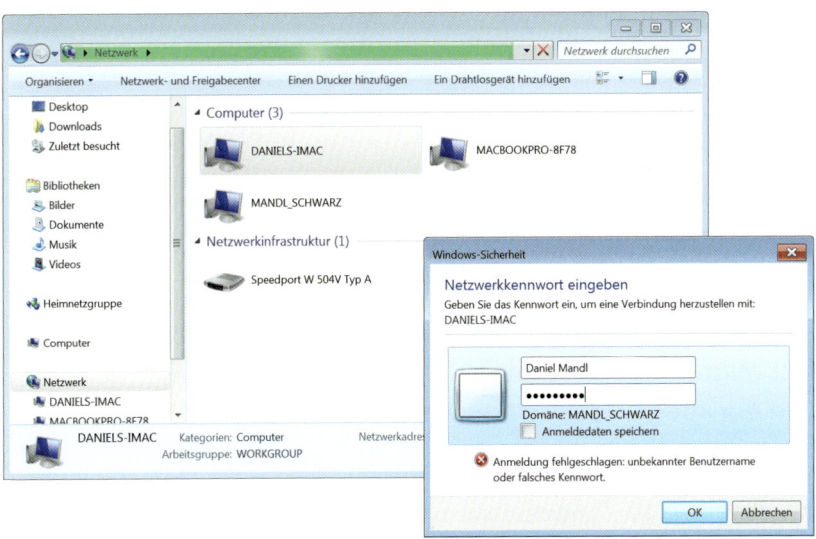

 Wie bereits angeregt, lohnt es sich durchaus, vor dem Umzug auf dem Windows-Rechner einmal »auszumisten«.

Das Spielchen klappt natürlich auch, wenn Sie vom Mac aus starten und auf den Windows-PC zugreifen möchten. Auch dabei können Sie verschiedene Wege einschlagen. Ist die Dateifreigabe aktiviert, so öffnen Sie ein beliebiges *Finder*-Fenster und der verbundene PC sollte nun in der Seitenleiste unter *Freigaben* erscheinen. Wählen Sie ihn aus und klicken im Fenster auf *Verbinden als,* so können Sie sich entweder als *Gast* (mit Zugriff auf alle freigegebenen Ordner) oder als *Registrierter Benutzer* mit Zugriff auf den gesamten Rechner anmelden.

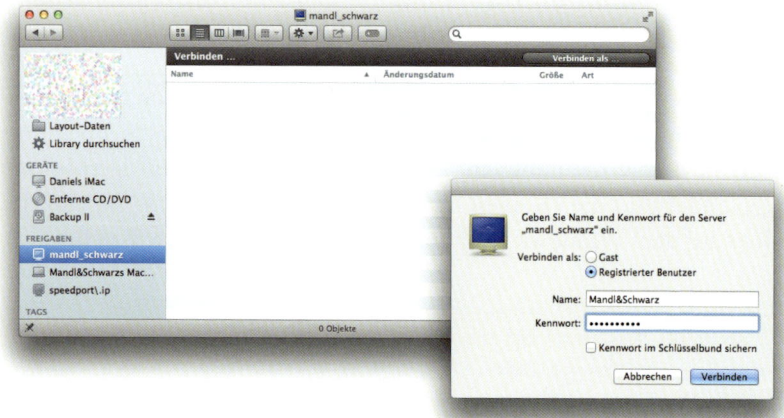

Nach dem »Netzwerken« deaktivieren Sie am besten über die *Systemeinstellungen* die jeweiligen Freigaben. Einfach das Häkchen wegklicken und schon sind Sie wieder »ganz für sich« am Mac.

Der Migrationsassistent –
von der »begleiteten Datenwanderung«

Neben dem möglichen Umzug, bei dem Sie Ordner für Ordner selbst von Windows zum Mac hinüberziehen, bietet Apple den Assistenten zur Migration (= Datenwanderung) an. Das geht noch einfacher – auch deswegen, da auf Ihren neuen Mac dann die Datentypen (Bilder, Musik etc.) gleich an die jeweiligen richtigen Orte und Stellen verbracht werden.

Bevor wir den Assistenten loslegen lassen, noch eine Bemerkung: Mit diesem Programm können Sie das bisherige Windows-Leben mit allen Bildern, Dokumenten usw. auf den Mac übertragen. Aufgrund der Programmvielfalt (und das ist nicht unbedingt positiv gemeint) auf dem Windows-Rechner werden speziell bei den Mails, den digitalen Terminen und Adressen nicht alle Programm-Varianten unterstützt. Hier eine kleine Übersicht der drei »PC-Welten« *Windows XP, Windows Vista* und *Windows 7 oder 8.*

	aus Windows XP (»Service Pack« / SP3 oder neuer)		aus Windows Vista (SP2 oder neuer)			aus Windows 7 (SP1 oder neuer) oder Windows 8 – WICHTIG: In Version 8 bitte alle Programme zuvor eigenhändig beenden.		
	Outlook Express	Outlook	Windows Live Mail	Windows Mail	Outlook	Windows Live Mail	Windows Mail (hier allerdings nur Windows 7)	Outlook
Mailkonto mit **IMAP** (neuerer Programmtyp) -> dann zum Apple-Programm **Mail**	√	√	√	√	√	√	√	√
Mailkonto mit **POP** (älterer Programmtyp) und dessen Nachrichten -> dann zum Apple-Programm **Mail**		√ (jeweils der angemeldete Nutzer in Windows)	√	√		√	√	
Kontakte / Adressen -> zu Apple-Programm **Kontakte**	√	(jeweils der angemeldete Nutzer in Windows)			√ (jeweils der angemeldete Nutzer in Windows)			√ (jeweils der angemeldete Nutzer in Windows)
Kalender / Termine -> zu Apple-Programm **Kalender**		√			√			√
Mailkonto **Exchange** (wird vom Server aus gesteuert)		√			√			√

Sie sehen, dass die *Outlook*-Version von *Microsoft*, die neben den Mails auch die Funktionen *Kalender* und *Kontakte* umfasst, eigentlich immer geht. Sie könnten sich nun auf die kostenfreie Testversion von *Outlook* stürzen, welche *Microsoft* für *Windows 7 und 8* immer nur im Paket mit *Office* zum Download anbieten (am besten über `www.heise.de/download`). Aber es gibt noch weitere Optionen z. B. mit dem *Migrationsassistenten.*

Das Gute: Der *Migrationsassistent* ist bereits auf Ihrem Mac vorinstalliert. Sie finden ihn im Ordner *Programme* und dort im Unterordner *Dienstprogramme.* Über das *Launchpad* erreichen Sie ihn über den Ordner *Andere.*

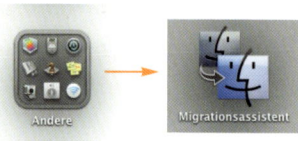

Um den Assistenten zu starten, werden allerdings alle anderen Programme auf dem Mac beendet; dies bestätigen Sie in der erscheinenden »Einleitung« mit Klick auf *Fortfahren*. Anschließend werden Sie nochmals um Ihre Benutzerkennung und Ihr Passwort gebeten. Voilá, nun erscheint der Assistent, bei dem Sie dann im unteren Bereich die Option *Von einem Windows-PC* anklicken. Klicken Sie dann wieder auf *Fortfahren*.

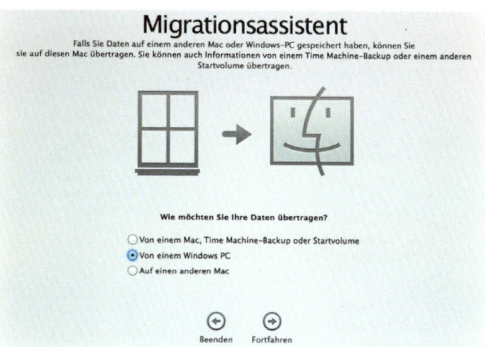

Nun wenden wir uns dem Windows-PC zu: Auch hier benötigen wir den Migrationsassistenten. Jedoch ist dieser nicht vorinstalliert. Sie müssen diesen daher erst über das Internet herunterladen:

`www.apple.com/migrate-to-mac`

Die Installation nach dem Download folgt der üblichen »Klick-Routine«. Danach wird der Assistent automatisch gestartet.

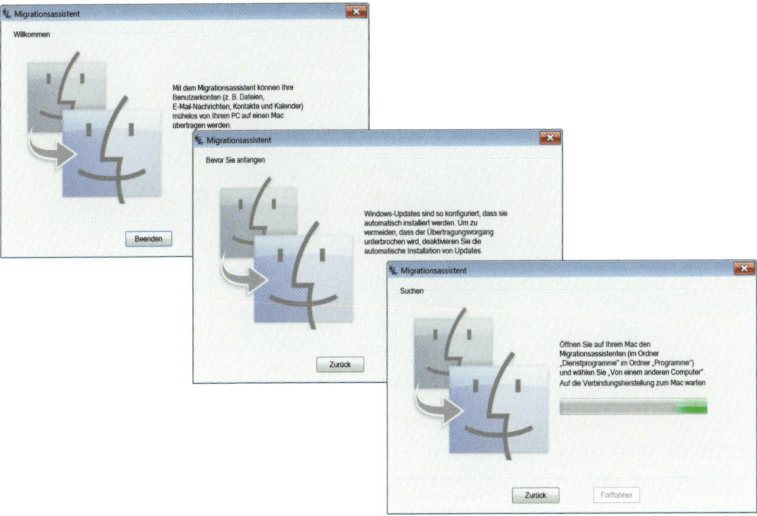

Der Mac beginnt nun mit der Kontaktaufnahme …

Wird der PC geortet, so klicken Sie darauf und wählen *Fortfahren*. Anschließend müssen Sie zu Ihrer Sicherheit eine zufällige Zahlenkombination, die auf beiden Rechnern eingeblendet wird, auf dem PC bestätigen.

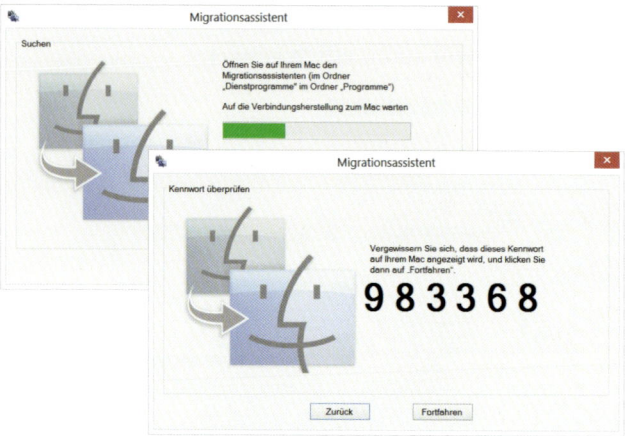

Im Anschluss wird auf dem Mac Ihr Benutzerkonto von Windows einge-blendet – und zwar mit allen Ordnern, die Sie vor dem Umzug »hoffentlich ordentlich« dort abgestellt haben. Suchen Sie sich nun die passenden Ord-ner aus. Dabei zeigt Ihnen der Mac, wieviel Platz auf Ihrem neuen Rechner dafür in Anspruch genommen wird. Auch das ist hilfreich vor dem Transfer.

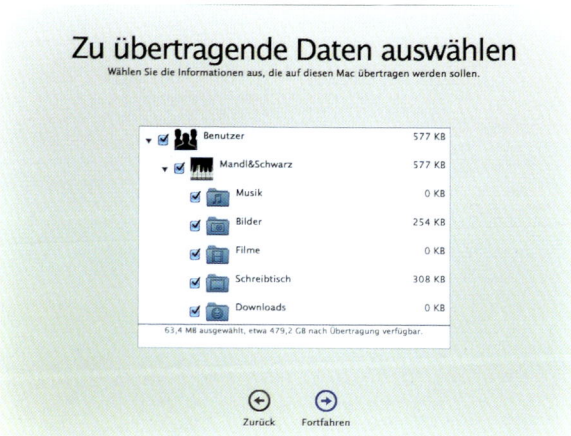

Nach der Ordner-Auswahl geht es endlich los: Sowohl auf dem Windows-Rechner wie auf dem Mac wird angezeigt, was noch in welchem Zeitraum gerade »herübergerettet« wird.

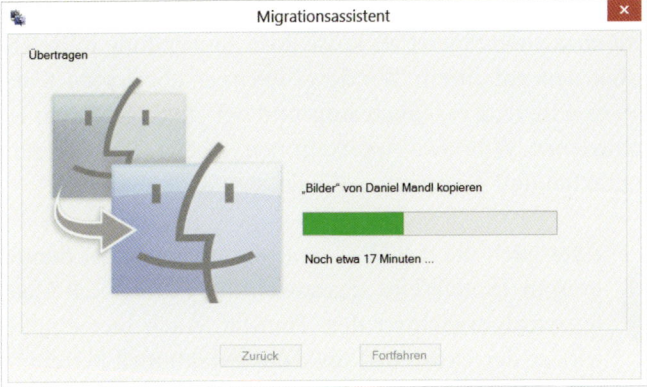

Die letzten Meter der Datenwanderung sind in Sicht: Sobald die Migration abgeschlossen ist, wird Ihnen dies auf beiden Rechnern bestätigt. Klicken Sie dann auf *Beenden*.

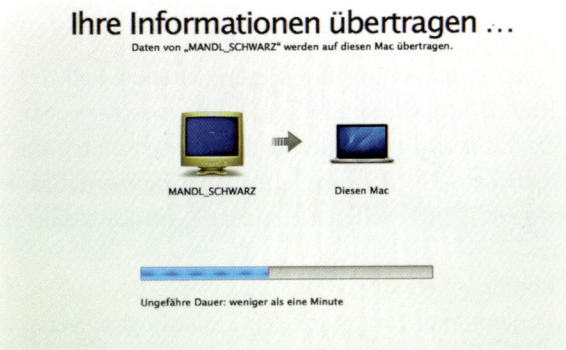

Auf diese Weise wird auf dem Mac ein zweites Benutzerkonto angelegt, das denselben Namen wie Ihr Konto auf dem Windows-Rechner trägt. Sie müssen nun nur noch ein neues Kennwort für diesen Account vergeben und die jeweiligen Medien liegen in den dafür vorgesehenen Ordnern, also die Bilder im Ordner *Bilder*, Musik im Ordner *Musik* usw.

Starten Sie auch einmal den Apple-*Kalender* und die *Kontakte*-App im Dock. Auch dort sollten Ihre Windows-Daten mit übernommen worden sein.

Eine weitere denkbare Umweglösung – mit »Thunderbird«

Der *Migrationsassistent* bietet als kostenlose Anwendung hilfreiche Unterstützung bei den auf Ihrem Windows-Rechner abgelegten Daten. Dennoch kann es sein, dass es – auch aufgrund der zuvor gezeigten Übersicht der verschiedenen Windows-Applikationen – beim Transfer gerade von Mails, Kontakten und Terminen mal hakt.

 Aber auch dafür gibt es eine »Umweglösung«, denn das Programm *Thunderbird*, das sowohl für PC als auch Mac angeboten wird, erleichtert den Transfer. Auch hier empfiehlt sich wieder der Download über die redaktionell betreute Adresse `www.heise.de/software/download/`

Kurz gesagt: Sie müssen dies auf Windows installieren, dort z. B. Ihr bisheriges Windows-Konto importieren, dann die *Thunderbird*-Daten auf den Mac ziehen und dort – nach Installation der Mac-Version von *Thunderbird* – wieder hineinimportieren.

 Eine genaue Anleitung für diesen seltenen Fall der Fälle findet sich hier: `www.thunderbird-mail.de/wiki/Profile_verwalten` **im Abschnitt » Mit Thunderbird auf einen neuen Rechner umziehen«. Das Stichwort »Profile« bezeichnet hier das jeweilige *Thunderbird*-Benutzerkonto auf dem jeweiligen Rechner (Windows oder Mac).**

Thunderbird könnte »theoretisch« auf dem Apple-Rechner auch Ihr grundsätzlich verwendetes Mail-Programm sein. Allerdings sprechen zwei Sachen dagegen: Zum einen würden Sie dann das tolle Mac-eigene Programm *Mail* verpassen (das wir etwas später vorstellen) und zum Zweiten wird *Thunderbird* »offiziell« nicht mehr weiterentwickelt (für den Datentransfer eignet es sich aber auf jeden Fall).

Die Daten können Sie auch über *Parallels Desktop* oder *VMware Fusion* gleich »nur« auf einen Windows-Teil in Ihrem Mac transferieren. Hierzu etwas mehr im entsprechenden Kapitel dieser Fibel.

Im Internet surfen – mit dem Browser »Safari«

Als Windows-Nutzer wissen Sie ja, wie Sie sich im Internet bewegen – über den sogenannten »Browser« *(to browse* ist Englisch für »Durchblättern«). Viele kennen dabei das Browser-Programm von Windows namens *Internet Explorer,* wobei das Prinzip der Browser eigentlich auf allen Geräten gleich ist. Apples Browser nennt sich *Safari* und wartet mit einer Reihe von schönen Funktionen auf, die Sie unbedingt kennenlernen sollten.

Dass Sie über die Eingabe einer Internet-Adresse wie *www.umsteigefibel.de* (oder *spiegel.de, faz.net* oder die Mac-Seite *apfelblog.ch* als Beispiele) und dem Betätigen des Zeilenschalters auf das jeweilige Web-Angebot kommen, versteht sich fast von selbst.

Beim ersten Start lädt *Safari* immerzu die Apple-Webseite, was Sie vielleicht nicht unbedingt möchten. Über die *Safari*-Einstellungen (auf den Menüleistenpunkt *Safari* und anschließend auf *Einstellungen* klicken) lässt sich das ändern. Über die Rubrik *Allgemein* und dort bei *Neue Fenster öffnen mit* finden Sie weitere Optionen wie etwa die *Top Sites* (was nichts anderes sind als die von Ihnen bevorzugt besuchten Websites) oder *Leere Seite*, wobei Ihnen Letzteres ein werbefreies Willkommensfenster anbietet.

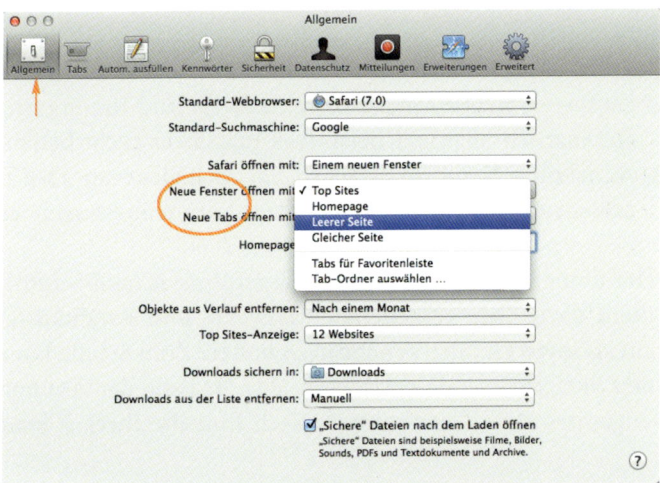

Recherchieren Sie gern was bei *Google*, so benötigen Sie kein eigenes *Google*-Startfenster, sondern können jederzeit Ihre Stichworte und Begriffe in die Adressen- bzw. eben auch Suchenzeile im *Safari*-Fenster hineinschreiben. *Safari* erkennt, ob Sie erst recherchieren wollen (also ob Sie einfache Begriffe eingeben, die dann als Suchauftrag an *Google* weitergeleitet werden) oder ob Sie per genau eingegebener Internet-Adresse direkt auf das jeweilige Internet-Angebot hinsteuern. Auch Suchmaschinen-Alternativen wie *bing* oder *Yahoo!* lassen sich über die *Safari*-Einstellungen festlegen.

Da *Safari* Ihr »Hauptfenster zum Internet« sein wird, lohnt es sich durchaus, in den Programm-Einstellungen auch auf die anderen Rubrik-Symbole einmal einen Blick zu werfen. Unsere Empfehlung ist, beispielsweise in der Rubrik *Automatisch ausfüllen* darauf zu achten, dass alle Optionen deaktiviert (also mit keinem Haken versehen) sind. Nichts mag schöner sein als eine »automatisierte Bequemlichkeit« – aber diese »Datensparsamkeit« als Vorsorge macht Sie eben nicht zu schnell transparent.

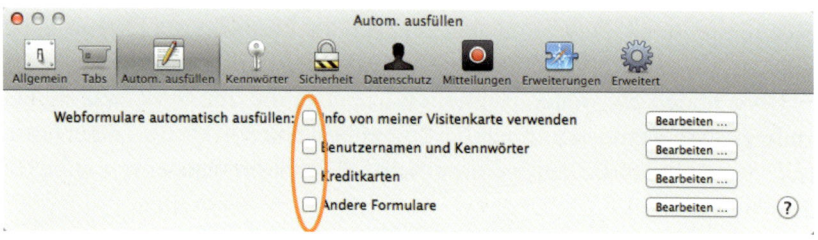

 Apple bietet Ihnen seit *OS X Mavericks* an, Ihre auf Websites eingegebenen Benutzernamen, Kennwörter und Kreditkartendaten automatisch abzuspeichern. Das mag zwar recht bequem sein, zumal diese Kennwörter via *iCloud* auch gleich auf Ihre anderen mobilen Apple-Geräte per Synchronisation übertragen werden.

Der unter *OS X 10.9 Mavericks* eingeführte *iCloud-Schlüsselbund* dient dazu, Ihre vergebenen Passworte und Kreditkartendaten auf all Ihren Geräten synchron zu halten. Zum Schutz können Sie dazu einen Sicherheitscode einrichten, der im Falle der Konfiguration eines Neugerätes zum Zuge kommt. Nach Eingabe Ihres *iCloud*-Kennwortes wird standardmäßig ein vierstelliger Zahlencode angeboten, über *Weitere Optionen* lassen sich jedoch ausgefeiltere Kennworte einrichten. Zur Auswahl stehen dabei *Komplexen Sicherheitscode verwenden* (entspricht einer selbst zusammengestellten Buchstaben-/Zahlen-Kombination), *Zufälligen Sicherheitscode verwenden* (hierbei erstellt das *OS X* eine schwer zu knackende Version) oder *Sicherheitscode nicht erstellen*. Bei den beiden erstgenannten Möglichkeiten sollten Sie die Codes auf jeden Fall aufschreiben oder auswendig lernen, da Apple im Falle des Vergessens oder Verlorengehens diesen nicht wiederherstellen kann.

 Kreditkarten-Daten haben aber unserer Meinung nach nichts an irgendeinem Schlüsselbund – und sei es selbst der von Apple – zu suchen.

Darüber hinaus können Sie auch weitere Einstellungen treffen, sodass Ihnen keine Datenspuren in Form von virtuellen »Cookies« (Keksen) untergeschoben werden. Es mag vielleicht ein Vorteil sein, wenn ein Unternehmen »mehr über Sie erfährt«, Ihnen also beispielsweise bei der *Google*-Suche nach »Husumer Krabben« auch gleich noch die entsprechenden Gerichte von sich aus anbietet. Aber das können Sie auch selbst im Internet zusammensuchen. Und am besten lehnen Sie gleich noch Ortungsdienste (für »Sonderangebote in Ihrer Stadt!«) und auch das *Website Tracking* ab (à la »wo kommen Sie her, was werden voraussichtlich kaufen«).

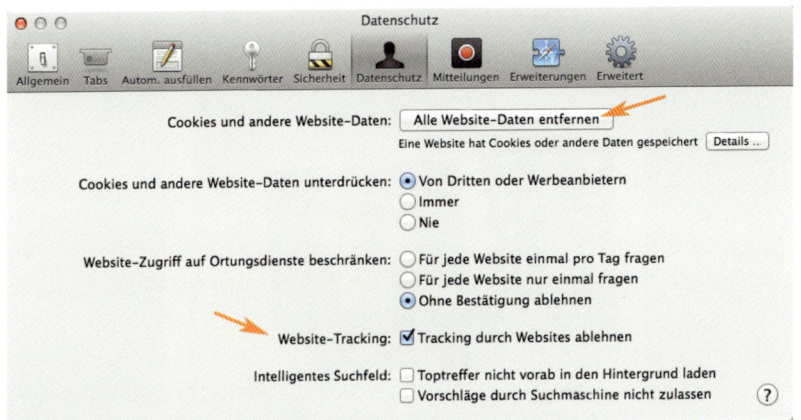

Zu weiteren Aspekten wie die Kommunikation und Mitteilungszentrale, die in diesen Reitern erwähnt werden, kommen wir noch etwas später. Alle Details finden Sie auch – bei tiefergehendem Interesse – im *Grundlagenbuch zu Mavericks*.

 Webseiten stellen oftmals auch Dateien (PDFs, Bilder, Filme, Programme und vieles weitere mehr) zum Herunterladen auf den eigenen Rechner zur Verfügung – »Internet-Surfer« sprechen hier von *Downloads*. Wie gut, dass Apple hier einen Ordner gleichen Namens spendiert hat. Dieser befindet sich rechts unten im Dock, sodass mit Mausklick auf diesen Ordner alle dahin verfrachteten Daten dort zur Verfügung stehen.

Speziell bei PDF-Dokumenten bietet der Apple-Browser eine Voransicht, mit der Sie das PDF bereits online durchblättern kann. Achten Sie dabei auf die Option, nach der Erstansicht im *Safari* dies auch in *Downloads* zu sichern. Dazu zeigt sich eine dunkelgraue Befehlsleiste mit der *Download*-Taste, sobald Sie den Mauszeiger im unteren Fensterbereich der PDF-Ansicht bewegen. So können Sie dann später offline darin blättern.

Safari bietet darüber hinaus weiteren Zusatzkomfort. Ein Beispiel ist die »störungsfreie« Lektüre von Online-Texten (sofern dies der jeweilige Anbieter ermöglicht). »Störungsfrei« insofern, da die blinkenden Werbeflächen rechts und links neben dem Text auf ein Minimum reduziert werden.

Schauen Sie einfach mal rechts oben in Ihrem *Safari*-Fenster, ob dort das blaue Stichwort *Reader* eingeblendet wird. Ein Klick darauf macht die Online-Lektüre wieder genießbar. Probieren Sie es aus.

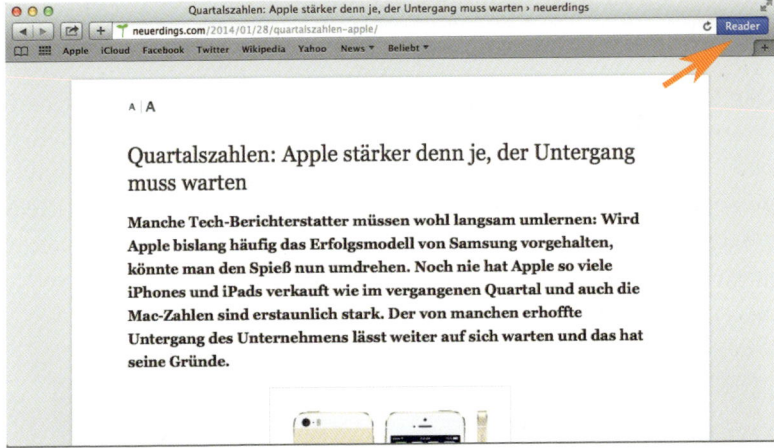

Aus dem Lese-Modus kommen Sie wieder heraus, indem Sie einfach *esc* (für *Escape)* auf der Tastatur oder erneut auf die Schaltfläche *Reader* drücken. Mit der *esc*-Taste lässt sich auch die *Vollbildansicht* beenden, die durch die beiden grauen Pfeile rechts oben im Eck des *Safari*-Fensters zu aktivieren ist. Die *Vollbildansicht* ist seit geraumer Zeit bei Apple ein Lieblingsprojekt – und das nicht nur bei *Safari*, sondern auch anderen Programmen. So wird man nicht zu sehr abgelenkt von anderen Komponenten auf dem Bildschirm.

Viele werden es schon aus der Windows-Welt kennen: Ihre *Lesezeichen* (unter dem Programm *Firefox* heißen diese »Favoriten«) können Sie natürlich auch in *Safari* anlegen. Webseiten, die Sie regelmäßig aufsuchen, sollten Sie immer als Lesezeichen anlegen. Ist Ihre Wunsch-Website aufgerufen, so drücken Sie auf Ihrer Tastatur *cmd-D* (was dem Befehl *Lesezeichen hinzufügen* aus dem *Lesezeichen*-Menü entspricht). Danach lässt sich festlegen, wohin das Lesezeichen gesichert werden soll.

 Lesezeichen lassen sich auf Wunsch auch per *iCloud* auf Ihre anderen Apple-Geräte synchronisieren. Mehr dazu etwas später zum Thema *iCloud*.

Sobald man ein Lesezeichen speichern will, können Sie sich entscheiden, wo es liegen soll:

- Der Ordner *Lesezeichen* ist dabei so eine Art »Standard-Ablage« für Internet-Adressen. Diese erreichen Sie in *Safari* ganz einfach, indem Sie oben links im *Safari*-Fenster auf das kleine Buch-Symbol zum Einblenden der Seitenleiste klicken. Anschließend findet sich dort eine Liste der gesammelten Adressen. Die jeweiligen Adressen können Sie auch mit gedrückter *ctrl*-Taste dort umbenennen oder löschen.

- Die *Favoritenleiste* blendet Ihre Lesezeichen auf Wunsch dauerhaft unterhalb der Adresszeile ein. Dort sollten Sie jene Adressen unterbringen, auf die Sie regelmäßig und häufig zurückgreifen.

- Im *Lesezeichenmenü* lagern Sie alles, was Sie vielleicht irgendwann mal brauchen. Die Links gehen dann nicht verloren, werden aber auch erst eingeblendet, wenn Sie in *Safari* über die Seiteneiste gehen bzw. in der Menüleiste (oben am Bildschirm) auf den Punkt *Lesezeichen* klicken.

- Die *Top Sites* verstehen Sie bitte als eine Art »Verlauf« Ihrer Websites, die Sie besonders häufig besuchen. In dieser Darstellungsvariante präsentieren sich alle Inhalte in miniaturisierter Form und können auf Mausklick hin abgerufen werden. Diese Vielzahl von offenen *Safari*-Fenstern sorgt aber nicht unbedingt für mehr Übersicht.

Erfahrungsgemäß füllen sich alle Listen recht schnell. Genau deswegen können Sie Ihre Adressen in der Seitenleiste auch in andere Bereiche verschieben oder über das unten liegende Plus-Symbol neue Ordner zum Verstauen anlegen. Auch über die Menüleiste *Lesezeichen* | *Lesezeichen bearbeiten* lässt sich ein wenig Ordnung schaffen.

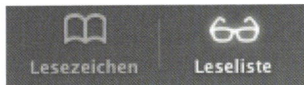

Sie müssen aber nicht erst die Tastenkombination *cmd-D* auswendig lernen: Ein Klick auf das Pluszeichen gleich links neben der Internet-Adresse befördert interessante Websites umgehend in einen weiteren, hier noch nicht genannten Bereich:

- Beiträge, die über die *Leseliste* (erkennbar am *Lesebrillen*-Symbol) abgespeichert werden, werden über die *iCloud* synchronisiert und stehen Ihnen auf allen unter derselben *Apple-ID* laufenden Geräten später zum Lesen zur Verfügung. Ein weiterer Vorteil besteht darin, dass sich alle dort abgelegten Beiträge auch offline lesen lassen.

Wenn Sie nach einem bestimmten Lesezeichen suchen, so rufen Sie die Seitenleiste auf (auf das Buchsymbol klicken): Anschließend streichen Sie mit zwei Fingern auf dem Trackpad nach unten bzw. scrollen mit der Maus abwärts. Ähnlich wie bei den mobilen Geräten erscheint eine Suchleiste, in der Sie den Begriff eingeben können.

Links neben dem Plus-Zeichen (links neben der Internet-Adresse) sehen Sie die *Bereitstellen*-Taste, über die Sie ebenso ein Lesezeichen speichern oder einen Link der Leseliste hinzufügen können. Sie finden dort noch weitere Optionen:

Mit der Funktion *Diese Seite mailen* können Sie über das Programm *Mail* eine Internetseite an Dritte weiterleiten, wobei sich wählen lässt, ob es nur der Link, die Webseite als HTML-Datei oder PDF oder nur die *Reader*-Version sein soll. Auch über die *Nachrichten*-Funktion können Sie interessante Links versenden, wie wir gleich beschreiben werden. Haben Sie einen *Twitter* oder *Facebook*-Account, so können Sie Ihre Web-Fundstücke auch dorthin posten.

Safari hat sich für Apple zu einer der wichtigsten Anwendungen gemausert, sodass es wohl nicht ausbleiben wird, dass künftig weitere Funktionen ergänzt werden. Die Grundoptionen kennen Sie nun.

 Natürlich gibt es Alternativen zu *Safari*. So können Sie beispielsweise *Firefox* vom *Mozilla* oder auch *Chrome* von *Google* auf Ihren Mac herunterladen. Die Programme bekommen Sie am besten über den redaktionell betreuten Software-Bereich beim Heise-Verlag: `www.heise.de/download/software/`

Lesezeichen lassen sich bei allen etablierten Browsern exportieren und untereinander tauschen. Allerdings wird auf dem Mac nur in *Safari* gewährleistet, dass Sie Ihre Internet-Besuche (und Lesezeichen, siehe oben) in einem Schwung mit anderen Apple-Geräten flugs abgleichen.

 Abschließend gibt es noch zwei »Zaubertricks« für *Safari*, um gerade solche Film-Dateien anschauen zu können, die »eigentlich« nur für Windows-Nutzer abspielbar sind. Hierfür bieten sich die beiden kostenlosen Erweiterungen namens *MPlayer* und *Flip4Mac* an, die Sie hier herunterladen können: `www.mplayerosx.ch` und `www.telestream.net/flip4mac/` (bitte wählen Sie bei letzterer Internet-Adresse die *Free*-Version) oder die bereits genannte Download-Seite von *Heise*. Der Vorteil für Sie: Diese Zusatzsoftware ermöglicht nicht nur das Abspielen innerhalb von *Safari*, sondern dient auch generell als hilfreiche Erweiterung zum problemlosen Abspielen z. B. von ».wmv« oder ».wma«-Daten, die eher für den *Windows Media Player* gedacht sind und so auf dem Mac zugänglich werden.

Bei manchen Webseiten »blinkt und bewegt es sich« zudem, dass man sich fast wie auf dem Jahrmarkt vorkommt. Mit der neuen Version 7 von *Safari* dämmt Apple dies vor allem aus Energiespargründen ein wenig ein. Zumindest auf Websites, die nicht im Vordergrund laufen, werden Werbebanner, die oftmals nur per Zusatzsoftware wie dem *Flash Player* von Adobe abgespielt werden, erst auf Mausklick hin aktiviert.

 Safari-Energiesparmodus Hier klicken, um das Flash-Plug-In zu starten

 Sofern eine Website mehr Inhalt aufweist, als auf dem Bildschirm zu sehen ist (was ja gerade bei Nachrichten-Seiten oft der Fall ist), können Sie anstatt zu scrollen auch die Leerschritt-Taste drücken, um elegant Seite für Seite weiter nach unten zu springen.

Möchten Sie mit verschiedenen Fensterinhalten gleichzeitig arbeiten? Kein Problem: Rufen Sie eine Lieblings-Website auf und klicken dann *cmd-T* für *Neuer Tab*. Diese hilfreiche Funktion erlaubt es Ihnen, mehrere Fenster mit unterschiedlichen Webseiten in nur einem geöffneten *Safari*-Fenster anzeigen zu lassen. Hierbei werden wie in einem Karteikasten die einzelnen Webseiten nebeneinander geladen und jede enthält sein kleines Register, auf das Sie nur zu klicken brauchen, um diese bestimmte Seite in den Vordergrund zu holen. Mit anderen Worten: Fünf Webseiten nebeneinander sind besser als fünf geöffnete Fenster, die übereinander liegen und über das Fenster-Menü organisiert werden müssen.

Zwischen diesen Tabs können Sie wechseln, indem Sie die Tasten *ctrl-Tab* drücken. Schon springt *Safari* zum nächsten Fenster-Inhalt.

Einfach E-Mails versenden – mit dem Programm »Mail«

Wer auf Windows das dort installierte Programm *Windows (Live) Mail* oder auch *Outlook* genutzt hat, dem steht zwar auch die Apple-Variante des *Microsoft Office*-Paketes, also *Outlook für Mac,* zur Verfügung. Allerdings müssten Sie dafür das separate *Office*-Programm kaufen. Doch nicht nur deswegen sollten Sie einen Blick auf das hauseigene Programm von Apple werfen, das sich schlicht *Mail* nennt. Dieses ist ebenso auf Ihrem Rechner vorinstalliert.

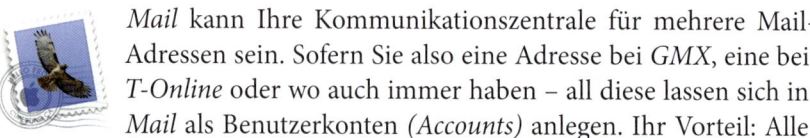

Mit dem *Migrationsassistenten* lassen sich auch die Daten von den beiden PC-Outlook-Versionen auf den Mac transferieren, sodass Sie – nach nochmaliger Eingabe Ihrer Kennworte für die jeweiligen Mail-Zugänge – bestenfalls gleich weiterarbeiten könnten. Bitte beachten Sie hierzu die Übersicht, die wir zum Stichwort »Migrationsassistent« bereits einige Seiten vorher angebracht haben.

Wir gehen nun davon aus, dass Sie gerade über den Mac mit dem Internet verbunden sind. Der Ausführlichkeit halber richten wir *Mail* nun Schritt für Schritt ein, wobei Ihnen Apple dabei hilfreich zur Seite steht.

Mail kann Ihre Kommunikationszentrale für mehrere Mail-Adressen sein. Sofern Sie also eine Adresse bei *GMX*, eine bei *T-Online* oder wo auch immer haben – all diese lassen sich in *Mail* als Benutzerkonten *(Accounts)* anlegen. Ihr Vorteil: Alle Mail-Nachrichten laufen in einen einzigen Posteingang, sodass Sie diesen übersichtlich nacheinander abarbeiten können.

Wenn Sie einen *iCloud-Account* anlegen (bzw. diesen bereits während der Konfiguration des Mac erstellt haben), erfolgt wieder ein Abgleich auf all Ihren Apple-Geräten, die unter derselben *Apple-ID* angemeldet sind. Dazu etwas später mehr.

Um Mail-Konten einzurichten, starten Sie das Programm *Mail* und drücken entweder die Tastenkombination *cmd-Komma* (also *cmd-,)* oder gehen links oben im Menü über *Mail | Einstellungen*. Hier öffnet sich ein Fenster mit Symbolen in der oberen Reihe. Klicken Sie dort auf *Accounts* und dann links unten auf das *Plus*-Zeichen.

Im Anschluss können Sie Ihren (wenn möglich vollständigen) Namen, Ihre Mail-Adresse und Ihr Kennwort eingeben, welches Sie z. B. bei den Mail-Anbietern festgelegt haben. Sobald Sie mit *Fortfahren* bestätigen, vergleicht *Mail* mit Ihrem Anbieter (auch zu Ihrer Sicherheit), ob die Zugangsdaten übereinstimmen. Bestenfalls bestätigt Ihnen *Mail* die erfolgreiche Verbindung in einer Accountzusammenfassung.

 Bei E-Mail-Konten unterscheidet man zwischen *POP* oder *IMAP:*

- *POP* ist die ältere Mail-Variante. Hierbei landen alle an Sie gerichteten Nachrichten auf Ihrem Rechner – und zwar nur dort.

- *IMAP* (als Abkürzung für *Internet Message Access Protocol)* ist die schon länger etablierte Mail-Version. Bei *IMAP* liegen alle E-Mails sowohl auf Ihrem Mac als auch auf dem großen »Sammel-Computer«, dem Server, bei Ihrem Anbieter. Ihr Vorteil: Bei *IMAP* lassen sich E-Mails von unterschiedlichen Rechnern und Standorten aus bearbeiten und beispielsweise löschen.

Also alles, was Sie schon unterwegs oder über einen Dritt-Computer (etwa im Urlaub) gesichtet haben, ist bei *IMAP* auch auf Ihrem Rechner daheim entsprechend schon vermerkt und erledigt. Das spart Zeit. Allerdings muss sich dafür der Rechner stets über das Internet mit diesem Server automatisch abgleichen / synchronisieren (was im *WLAN* mit heute üblicher Internet-Flatrate am wenigsten Sorgen bereiten dürfte).

Zwei Details sind besonders erwähnenswert: Gehen Sie in Ihren *Einstellungen | Accounts* links auf das einzelne Konto und klicken Sie rechts im Dialogfeld auf *Erweitert*. Dort sollten Sie festlegen, dass Sie Ihre Mails »verschlüsseln«, indem Sie die Option *SSL verwenden* anklicken. Diese bietet gewissermaßen einen Schutz gegen allzu neugierige Zeitgenossen. Dies ist heutzutage eigentlich eine Standardeinstellung, die Sie mit *OK* bestätigen.

Werfen Sie auch noch einen prüfenden Blick in die Abteilung *Accountinformationen*. Dort können Sie die sogenannte *SMTP-Serverliste (Simple Mail Transfer Protocol)* bearbeiten. Meist ist dies schon automatisch geschehen, sodass an dieser Stelle die ausgehenden Mails »gesteuert« werden. Bitte fragen Sie im Zweifel bei Ihrem Mail-Anbieter (Telekom etc.) nach.

Als Nächstes bewegen Sie sich innerhalb der *Einstellungen* bitte auf den Überpunkt *Werbung*. Darüber können Sie Ihre Mailflut besser kanalisieren, indem Sie z. B. unerwünschte Nachrichten – auch als »Spam« bekannt – gleich in einen separaten Ordner fließen lassen. Aktivieren Sie dazu die Option *In das Postfach für unerwünschte Werbung legen*. Dabei geht Ihnen erst einmal nichts verloren, denn Sie können versehentlich dort gelandete »Nicht-Werbung« ganz einfach wieder zurück in den Posteingang befördern.

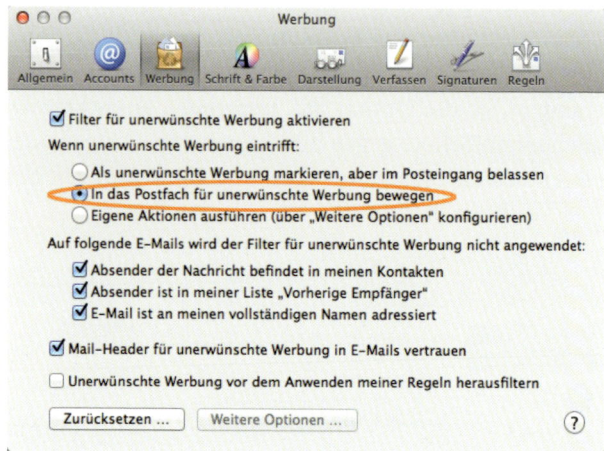

Mail lernt im Übrigen dazu, wenn Sie noch unentdeckte Werbe-Mails als solche kennzeichnen. Das Programm wird diese dann künftig selbstständig als Werbung identifizieren und den Alltag langfristig komfortabler machen.

Im Programm *Mail* schlummern aber noch etliche weitere praktische Funktionen, von denen wir Ihnen gern die wichtigsten präsentieren.

Zunächst ein kurzer Blick auf die Symbole oben links im Programm: Wie überall auf dem Mac können Sie mit der Maus immer etwas länger über einem Knopf verweilen – spätestens dann erscheint ein erklärender Text, was es denn damit auf sich hat. In unserem Beispiel erklärt das gelbe Textfenster, dass der angezeigte Knopf für das Abholen von neuen E-Mail-Nachrichten verantwortlich ist – und zwar praktischerweise gleich für alle Mail-Benutzerkonten.

Statt über den Knopf können Sie Ihre Mails auch über die Dreier-Tastenkombination *cmd-Umschalttaste-N* bzw. über das Menü *Postfach | Alle neuen E-Mails empfangen* abrufen.

Wie oft das Abrufen von E-Mails erfolgen soll, können Sie über die *Einstellungen | Allgemein* bei *Nach neuen E-Mails suchen* einrichten. Benutzen Sie die *iCloud*, so ist das sogenannte *Push*-Verfahren aktiviert. Dies ermöglicht eine sofortige Weiterleitung auf Ihren Rechner, sobald eine E-Mail auf dem Server des Anbieters eintrifft.

Die Taste mit dem stilisierten »Blatt mit Stift«-Symbol öffnet ein neues E-Mail-Fenster, über das Sie eine Nachricht verfassen können.

Am Anfang heißt es dabei, einen Empfänger in das Adressfeld *An* einzutragen. Beginnen Sie zu tippen, so werden bereits erste Vorschläge unterbreitet, sofern sich eine ähnliche Konstellation in Ihrer *Kontakte*-App als Visitenkarte befindet. Schreiben Sie anschließend den Betreff sowie den eigentlichen Nachrichtentext und ein Klick auf das Papierflieger-Symbol links oben versendet die E-Mail.

 Nochmals zur Erinnerung: Das @-Zeichen bekommen Sie über die Tastenkombination *alt-L* (also Klick auf die Optionstaste und den Buchstaben L).

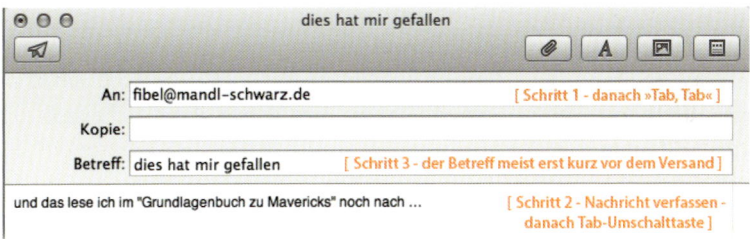

Über die Taste mit der Büroklammer lassen sich auch Anhänge wie Dokumente oder Bilder per Mail mit versenden. Achten Sie dabei aber bitte immer auch auf die Größe Ihrer Mails.

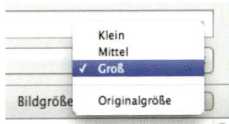 Wenn Sie z. B. Bilder in den Mailtext eingeladen haben, können Sie noch in der Mail die Bildgröße variieren – klicken Sie im Zweifel statt auf *Originalgröße* eher auf *Groß;* meist reicht das noch aus,

gerade wenn Ihr Gegenüber entweder nur eine langsame Internet-Verbindung hat oder von unterwegs aus die Mail-Korrespondenz pflegt.

Auch die restlichen Symbole aus der zuvor erwähnten Haupt-Navigationsleiste in *Mail* sind leicht zu erforschen: Papierkorb, Werbung (eindeutig: Daumen nach unten) sowie drei Pfeilsymbole. Diese Symbole sind gerade bei eingegangenen Nachrichten praktisch:

- Pfeil nach links: dem Mail-Sender einfach *antworten* (die klassische Art der Computerkommunikation)

- zwei Pfeile nach links: *Antworten an alle*, die in dieser Nachricht adressiert wurden (um gleich mehrere Freunde oder Bekannte »auf einen Schlag« zu erreichen – bitte gehen Sie damit gerade am Anfang aber vorsichtig um)

- Pfeil nach rechts: *Weiterleiten*; so können Sie z. B. schöne Nachrichten »zum Mitfreuen« an Dritte senden.

Daneben befindet sich die *Etiketten*-Funktion. Mittels farbiger Flaggen können Sie so thematische Gruppen auf Ihrem Rechner – und Sie sehen hier: programmübergreifend – kennzeichnen. Für den Anfang sicherlich etwas zu viel des Guten.

Viel mehr Freude werden Ihnen sicherlich diese drei noch unerwähnten Knöpfe bereiten, die nach Klick auf eine neu zu verfassende Mail-Nachricht auf der rechten Seite erscheinen. Über den Knopf mit dem »A« können Sie den Mailtext, der ja sonst eher schlicht daher kommt, mit anderen Schrifttypen und -farben aufpeppen. Über die Taste mit dem stilisierten Fotomotiv lässt sich die *Fotoübersicht* einblenden, die Ihnen den Zugriff auf Bilder, die in den Programmen *iPhoto, Aperture* und/oder *Photo Booth* vorliegen, ermöglicht.

Der Letzte im Bunde nennt sich Vorlagenauswahl und führt wohl meist ein Nischendasein – das aber wirklich zu Unrecht! Schließlich können Sie so auf wirklich attraktive Mail-Vorlagen zurückgreifen, die sich zudem mit eigenen Bildern verfeinern lassen. Damit schinden Sie auf einfachste Art und Weise maximalen Eindruck, versprochen! Die vorgegebenen Textblöcke im Mailtext verschwinden, sobald Sie hier die ersten Buchstaben eintippen. Nun aber: »Abschicken nicht vergessen«, indem Sie auf den Papierflieger oben links drücken.

Zum guten Ton einer jeden Korrespondenz gehört auch eine ordentliche Verabschiedung – am besten mit Informationen zum Absender. Einmal eingerichtet können dies jederzeit bei Bedarf nutzen, und zwar über die *Mail-Einstellungen* bei *Signaturen*. Vergeben Sie einen (internen) Namen und tragen Sie dann die eigentliche Absenderadresse ein. So ersparen Sie sich mit der Zeit viel Tipperei gerade am Ende einer Mail.

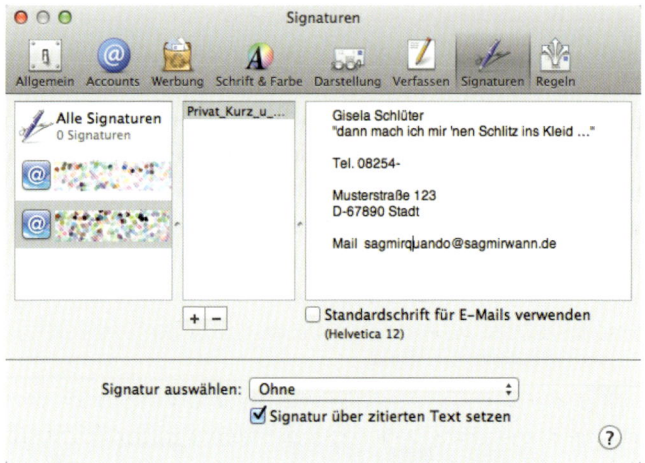

Zum Schluss des Abschnittes zu *Mail* noch zwei Tipps:

- Suchen Sie etwas in *Mail?* Die *Spotlight*-Funktion, die Sie auf dem Mac immer mit Klick auf *cmd* und *Leertaste* schnell erreichen, schlägt Ihnen ja alle möglichen Inhalte vor, auch jene Nachrichten aus dem Programm *Mail*. Wenn Sie aber ausschließlich in *Mail* suchen wollen, klicken Sie dort auf die Such-Eingabezeile rechts oben im *Mail*-Fenster oder geben Sie nachfolgende Tastenkombination ein: *alt-cmd-F*. Sehr praktisch innerhalb der *Mail*-App.

- Oftmals ist auf dem Mac die Vollbildansicht die »reinste Wonne«, da sich so Texte, Bilder oder Ähnliches in aller Breite präsentieren. In *Mail* ist diese Ansicht jedoch nicht so praktisch, da einzelne Fenster dadurch am Bildschirm fixiert werden. Diese lassen sich dann nicht mehr bewegen, um in einem weiteren Fenster vielleicht etwas nachzuschauen. Sie beenden die Vollbildansicht, indem Sie den Mauszeiger ganz nach oben an den Bildschirmrand bewegen – es erscheint dann das gewohnte Menü, über das Sie rechts die beiden kleinen Pfeile in umgekehrter Ausrichtung anklicken. Noch schneller geht es, indem Sie einfach die Taste *esc* drücken.

Kurz-Nachrichten für zwischendurch / Mitteilungszentrale / AirDrop

Sobald Ihr Mac Ihnen etwas mitteilen möchte, erscheint rechts oben – unterhalb der Menüleisten-Symbole – ein kleines Hinweisschild. Beispiele sind Hinweise auf neu eingegangene Mails, Termine aus Ihrem Kalender, *Facebook*-Infos Ihrer Freunde und noch viel mehr.

Klicken Sie nun auf das Symbol mit den drei kleinen schwarzen Zeilen, so blendet sich die *Mitteilungszentrale* ein.

Was, wie oft und von wem angezeigt werden soll, können Sie über die *Systemeinstellungen*, Rubrik *Mitteilungen* definieren. Über *Nicht stören* können Sie sich ein wenig Ruhe verschaffen – auf Wunsch auch zu festgelegten Zeiten. Der Mac bleibt dann stumm (wobei jedoch E-Mails natürlich weiter einlaufen, wenn auch ohne Extra-Signal rechts oben am Bildschirm).

Sie können aber für die entsprechenden Programme auch die Art der Mitteilung beeinflussen: *Banner* werden nur kurz rechts oben als Meldung eingeblendet und verschwinden von selbst wieder, während ein *Hinweis* ein Eingreifen Ihrerseits erfordert, indem Sie entweder die Meldung schließen oder sich erneut (Taste *Erinnern*) anzeigen lassen. Tippen bzw. klicken Sie hingegen auf die angezeigten Einträge, so wechseln Sie automatisch zum dazugehörigen Programm. Bei einlaufenden Nachrichten – sofern diese als Hinweis angezeigt werden – können Sie seit *Mavericks* auch über dieses Nachrichten-Feld gleich antworten.

Die *Mitteilungszentrale* hat das Zeug für eine »gute Sekretariatskraft«, indem sie Sie umfassend informiert, etwa welches Lied Sie über *iTunes* zuletzt gehört haben, wer Sie per *Skype* angefunkt hat oder was der Papst (sofern Sie sein »Follower« sind) per *Twitter* verkündet. Es hängt aber auch davon ab, wie gut Sie Ihren Kalender, Ihr Adressbuch und andere Quellen »füttern«.

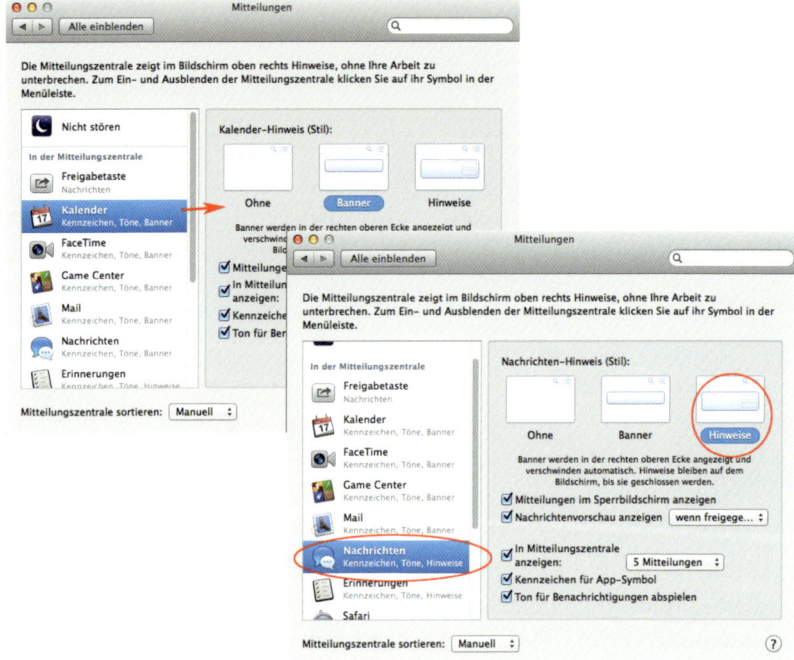

Offen gesprochen sind wir keine Freunde dieser digitalen »Atemlosigkeit«. Das Ablenkungspotenzial jedenfalls ist schon enorm. Der Clou liegt aber

wohl darin, die Intensität des Nachrichtenflusses – wie eben hier dargestellt – auf die eigenen Bedürfnisse hin maßzuschneidern.

Auch die Funktion *AirDrop* möchten wir noch ansprechen, womit Sie zwischen verschiedenen Macs (Mindestvoraussetzung ist das System *OS X*-Version *10.7
Lion*) Daten hin- und herschieben können. Das klappt
auch zwischen aktuellen *iOS*-Geräten, kurioserweise allerdings nicht zwischen Mac- und *iOS*-Welt (das wird
aber wohl noch kommen). Darüber hinaus müssen die Macs – da die
Daten im *WLAN* verschlüsselt übertragen werden – beide über das heimische Netz erreichbar, sprich: in der Nähe sein.

Ist nun bei allen beteiligten Rechern *OS X Lion* oder höher installiert, das
WLAN aktiviert sowie ein *AirDrop*-Fenster geöffnet (Sie finden den Eintrag
AirDrop in der Seitenleiste eines jeden *Finder*-Fensters), so dauert es nur
Sekunden und die benachbarten Rechner erscheinen auf der Bildfläche.

Um nun Daten auszutauschen, reicht es vollkommen aus, dass Sie einfach ein Dokument oder einen Ordner mit der Maus packen und auf das gewünschte Mac-Icon ziehen. Es erfolgt augenblicklich die Nachfrage, ob diese Datei gesendet werden soll. Klicken Sie auf *Senden*, so erhält der Nachbar-Rechner augenblicklich die Anfrage eingereicht, ob denn nun diese Datei gesichert werden soll. Der Angefragte kann nun also auf *Ablehnen* klicken, die Datei sichern (sie landet automatisch im Ordner *Downloads*) oder gar zusätzlich gleich öffnen. Sind sich alle Parteien einig, geht die Datei auf Reisen. Das war's auch schon …

In der eigenen Umgebung erübrigt *AirDrop* das Versenden von Mails (über das Internet) mit teilweise großem Anhang. Man könnte *AirDrop* auch als Rohrpost, besser: hauseigene Luftpost bezeichnen…

Im nächsten Kapitel geht es mit der Installation von Windows auf dem Mac weiter. Freuen Sie sich daher über weitere interessante Infos und Funktionen auf dem Mac.

Windows auf dem Mac – mit Boot Camp, Parallels Desktop oder VMware Fusion

Boot Camp Assistent – einmal die Windows-Welt schnuppern

Dieses kleine Programm ermöglicht die Installation von *Windows 7 Home Premium, Professional oder Ultimate* bzw. *Windows 8* oder *Windows 8 Pro* auf Ihrem Mac. Sofern Sie also noch auf Programme zurückgreifen wollen oder müssen, die nur unter Windows laufen, so ist das eine feine Sache.

Die *Windows*-Versionen *Windows XP* sowie *Windows Vista* werden nicht mehr unterstützt. Ebenso muss hinzugefügt werden, dass zur Zeit der Buchentstehung gerade mit *Windows 8* noch teils gravierende Probleme bestehen, die eine problemlose Installation selbst auf neueren Macs verhindern. (Auf einem Mac mini von 2010 z.B. lässt sich *Windows 8* gar nicht mehr möglich.) Wir haben uns daher in dieser *Boot Camp*-Anleitung auf *Windows 7* festgelegt. Bei den *Parallels Desktop* und *VMware Fusion* wiederum lief sogar die Vorschauversion von *Windows 8.1* problemlos.

Windows wird dabei auf einem separaten Teil Ihrer Festplatte – einer sogenannten »Partition« – installiert und läuft nach einem Neustart Ihres Apple-Rechners als alleiniges Betriebssystem völlig autark. Es profitiert dabei von einem schnellen Prozessor, dem direkten Zugriff auf die Festplatte und überhaupt vom schicken Design der Apple-Kreativen.

Im Gegensatz dazu gibt es mit *Parallels Desktop* von der gleichnamigen Software-Schmiede oder *Fusion* von *VMware* sogenannte Virtualisierer, bei der der Windows-PC per Software sozusagen vorgegaukelt wird. Der Vorteil ist hierbei, dass Sie beide Betriebssysteme – *Windows* und *OS X* – nebeneinander laufen lassen können; das lästige Neustarten des Rechners entfällt hierbei. Der Nachteil bei diesem gleichzeitigen Betrieb beider System-Welten liegt jedoch in einer verringerten Arbeitsgeschwindigkeit des

Rechners, da sie sich den Prozessor teilen müssen. Für Büro-Arbeiten und für Surf-Touren durchs Internet ist das kaum von Belang, für anspruchsvolle Spiele oder Grafik-Anwendungen jedoch bedenkenswert.

Vorbereitungen für den Windows-Einzug auf dem Mac

Der Rechner sollte immer auf dem aktuellen Stand sein sowie alle *Firmware*-Aktualisierungen beinhalten. Bei Letzteren halten Sie sich bitte unbedingt an die eingeblendeten Verhaltensregeln. Da der normale Anwender vor lauter Aufregung manchmal die ein oder andere Anweisung vergisst, empfehlen wir diese auszudrucken, damit Sie die einzelnen Schritte genau abarbeiten können.

Zusammengefasst hier noch einmal die Voraussetzungen für einen gelungenen *Boot Camp*-Einstieg. Sie brauchen:

- Ein kompatibles optisches Laufwerk (egal, ob intern oder extern), sofern Sie die Installation über eine Windows-DVD (64-Bit-Version von *Windows 7 Home Premium*, *Windows 7 Professional*, *Windows 7 Ultimate*, *Windows 8* oder *Windows 8 Pro*) vornehmen möchten.

- Bei neueren Macs ohne internes optisches Laufwerk lässt sich Windows über ein *ISO-Image* – also ein digitales Abbild der DVD – mit der 64-Bit-Version von *Windows 7 Home Premium*, *Windows 7 Professional*, *Windows 7 Ultimate*, *Windows 8* oder *Windows 8 Pro* installieren. Das *Windows-ISO-Image* muss dabei eine vollständige Kopie der kompletten Windows-DVD abbilden und muss auf den Mac kopiert werden.

Ein *Windows-ISO-Image* können Sie jederzeit über das *Festplattendienstprogramm* erstellen. Legen Sie dazu eine Windows-DVD in einen Mac mit optischem Laufwerk und starten Sie das *Festplattendienstprogramm*. Markieren Sie anschließend das Symbol der DVD in der links liegenden Seitenleiste und klicken Sie dann oben stehend auf *Neues Image*. Übernehmen Sie den Namen und stellen

Sie über die unten liegenden Menüs bei Image-Format den Eintrag *DVD/ CD-Master* sowie bei Verschlüsselung *Ohne* ein. Über *Sichern* wird nun das Image angelegt. Zum Abschluss müssen Sie nur noch die Endung ». cdr« in ».iso« ändern, indem Sie den Dialog »*Möchten Sie das Suffix wirklich von »cdr« in »iso« ändern?*« mit ».*iso verwenden*« bestätigen.

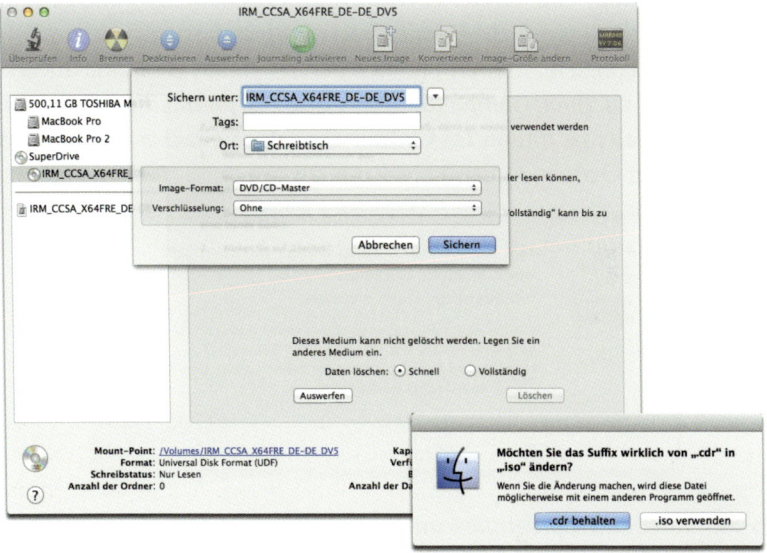

- Eine leere CD bzw. ein leeres USB-Speichermedium mit MS-DOS (FAT)-Formatierung, um die vom *Boot Camp-Assistenten* erstellten Windows-Treiber zu sichern.

- Mindestens 20 GB freier Festplattenspeicher für die 64-Bit-Version von Windows 7, mindestens 30 Gigabyte für Windows 8 auf dem Volume, auf dem die Software installiert werden soll.

- Weiterhin sollten Sie – um Probleme schon im Vorfeld auszuschließen – bei der Installation von *Windows 7/8* nur Original-Zubehör (USB-Maus, Tastatur, Trackpad etc.) von Apple verwenden.

Der »Boot Camp Assistent« – Ihr freundlicher Begleiter

 Bevor Sie nun engagiert und voller Elan ans Werk gehen, sind leider noch einige weitere Grundvoraussetzungen zu erfüllen. Zum einen möchte der *Assistent* von *Boot Camp* auf Ihrem Rechner eine eigene Partition extra für *Windows* anlegen. Ihre Festplatte darf daher nicht bereits partitioniert (also in mehrere Teilstücke separiert) sein. Haben Sie dies bereits getan, so sollte Ihr erster Schritt nicht zu *Boot Camp*, sondern zum *Festplattendienstprogramm* laufen (ebenfalls zu finden im Ordner *Dienstprogramme* bzw. über das *Launchpad* im Ordner *Andere*).

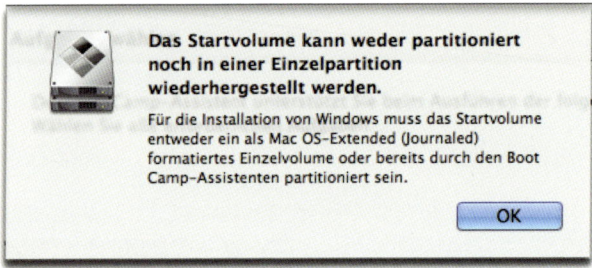

Das *Festplattendienstprogramm* unter *OS X Mavericks* kann auch nachträglich die Festplatte neu einrichten, ohne dass das Startvolume als solches in Mitleidenschaft gezogen würde. Werden jedoch aus zwei oder mehreren Partitionen wieder ein einziges Volume, so werden dennoch die Daten auf diesen weiteren Partitionen / Teilen gelöscht.

 Mit anderen Worten: Bringen Sie auf jeden Fall jene Daten, die sich außerhalb des Startvolumes auf den weiteren Partitionen befinden, in Sicherheit, da diese nach der Umstellung nicht mehr existent sind.

Rufen Sie dann das *Festplatten-Dienstprogramm* auf, markieren Sie die interne Festplatte und klicken Sie auf den Reiter *Partition*, sodass unterhalb von *Partitionslayout* die Aufteilung angezeigt wird.

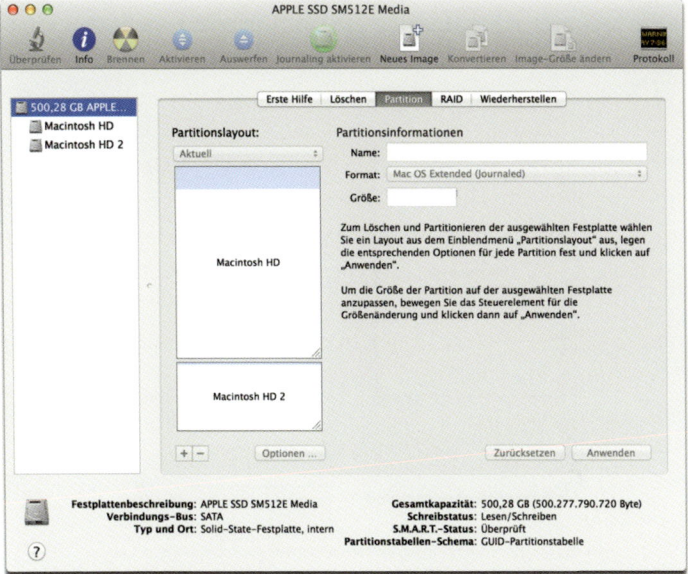

Markieren Sie danach beispielsweise die zweite Partition per Mausklick und betätigen Sie dann den unten liegenden *Minus*-Button. Daraufhin fährt ein Dialog aus, der Ihr Tun noch einmal genau auflistet: Bitte jetzt den Schweiß von der Stirn tupfen …

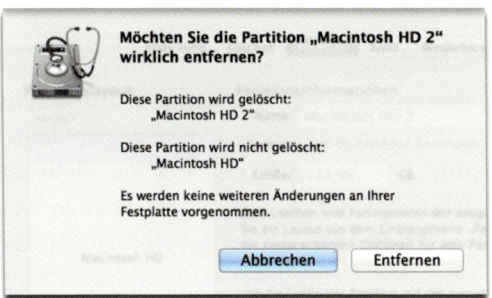

Klicken Sie nun auf *Entfernen*, so wird die Partitionstabelle neu angelegt und das Volume verschwindet. Um die ursprüngliche Größe wiederherzustellen, müssen Sie nun noch das bestehende Volume bearbeiten, indem Sie es am geriffelten Anfasser mit der Maus packen und ganz nach unten

ziehen. Ein weiterer Klick auf den Knopf *Anwenden* stellt den Ursprungs-
zustand wieder her.

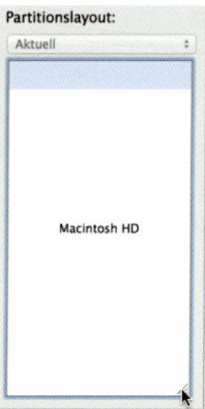

 Bei mehreren internen Festplatten (keine Partitionen) sollten
Sie eine davon so aufbereiten, dass sie problemlos bespielt werden kann. Die Formatierung der Festplatte muss dabei das
Format *Mac OS X Extended (Journaled)* aufweisen. Mit anderen Worten bedeutet das auch in diesem Fall: Bringen Sie Ihre Daten in
Sicherheit, denn wurde falsch formatiert, so müssen Sie in der Tat alles
neu einrichten.

Bevor Sie nun den *Boot Camp-Assistenten* starten, ziehen Sie
bitte alle externen Geräte wie Festplatten oder sonstige Speichermedien ab. Da Windows bekanntlich Laufwerksbuchstaben

verteilt (Windows installiert sich standardmäßig auf dem Volume mit dem Buchstaben »C«), soll auf diese Weise ausgeschlossen werden, dass der Laufwerksbuchstabe »C« einem falschen Volume zugeordnet wird. Weiterhin sollten Sie bereithalten: Eine Packung Taschentücher, falls Ihre Unternehmung misslingt (der war aber ganz schön böse ;-)).

Beim ersten Start des *Boot Camp-Assistenten* erhalten Sie eine kleine Einführung und die Möglichkeit, auf das zugehörige *Installations- & Konfigurationshandbuch* zuzugreifen. Dieses enthält eine Vielzahl an wichtigen Informationen und sollte auf jeden Fall einmal eingesehen werden. Dasselbe Handbuch lässt sich auch als PDF-Datei über die Webseite `support.apple.com/de_DE/manuals` (auf *Nach Produkt suchen* klicken und *Boot Camp* als Suchbegriff eingeben) auf den Rechner laden.

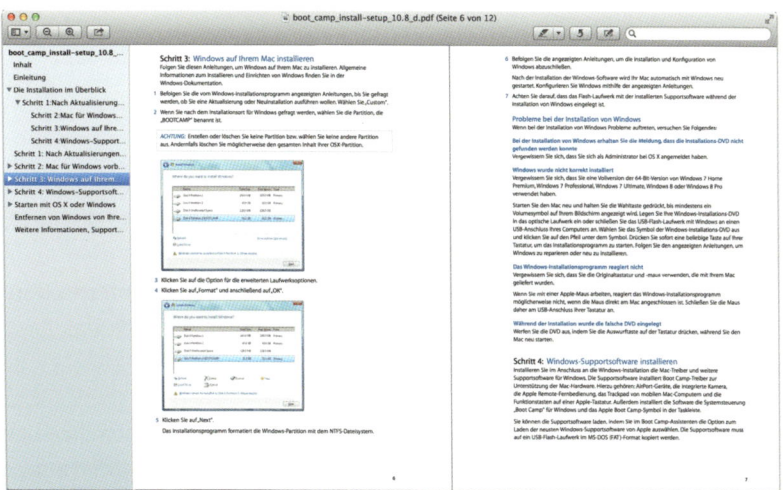

Klicken Sie im *Boot Camp-Assistenten* auf *Fortfahren,* so unterscheidet sich die weitere Vorgehensweise je nach Rechner. Besitzen Sie ein aktuelles Gerät (ohne optisches Laufwerk), so müssen Sie nun das leere USB-Speichermedium mit *MS-DOS (FAT)*-Formatierung (das kann auch ein USB-Stick mit mindestens acht Gigabyte sein) anstecken, da im nächsten Schritt das Windows-Installationsmedium erstellt wird. Hierbei wird das *Windows-ISO-Image* (dessen Quelle Sie angeben müssen) auf das USB-Laufwerk kopiert, anschließend werden die Treiber für die *Windows*-Installation geladen und ebenso darauf geschrieben.

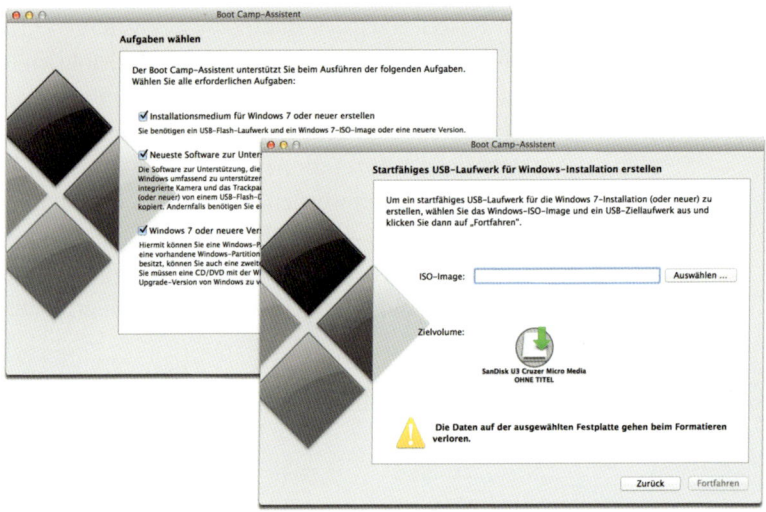

Im Falle eines optischen Laufwerks sowie der Installation über eine Original Windows-DVD benötigen Sie ebenso ein USB-Laufwerk, da Sie darauf jene Treiber laden, die nach der Installation benötigt werden, damit Windows alle Hardware-Komponenten Ihres Mac korrekt interpretieren und ansprechen kann. Über *Fortfahren* beginnt augenblicklich das Laden dieser Treiber.

Wenn Sie bei einem aktuellen Mac ein externes optisches Laufwerk verwenden, so müssen Sie die Option *Installationsmedium für Windows 7 oder neuer erstellen* deaktivieren, damit *Boot Camp* später auf die Windows-DVD zurückgreifen kann. Bei uns hat diese Vorgehensweise weder mit Windows 7 noch 8 geklappt (Windows fand den *BOOTMGR* nicht und blieb einfach hängen, wobei wir hier darauf tippen, dass unser externes Laufwerk der Schuldige war),

sodass wir uns letztlich zum Erstellen eines Windows-ISO-Image über das *Festplattendienstprogramm* (siehe weiter oben) entschlossen haben.

Bitte beachten: Verwenden Sie bitte nur jene Treiber, die Sie anschließend herunterladen. Benutzen Sie stattdessen Treiber, die von einem anderen Mac geladen wurden, so kann es zu Konflikten kommen, da diese vielleicht nicht alle Hardware-Komponenten bzw. eben andere unterstützen.

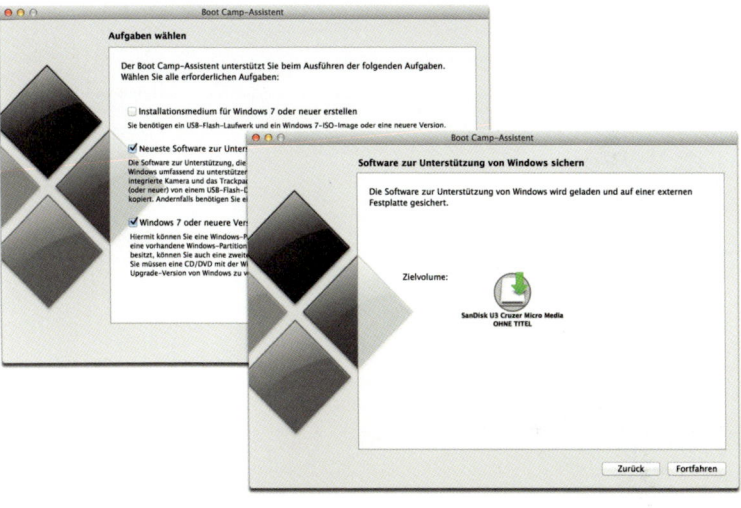

Anschließend gelangen Sie zur Einrichtung der Partition für Windows. Hier ist es nicht unerheblich, welche Größe Sie dort auswählen. Apple empfiehlt für Windows 7 mindestens 20 Gigabyte, für Windows 8 sogar 30 Gigabyte. Noch besser sind jedoch höhere Werte, denn schließlich möchten Sie auch noch Programme, Daten und eventuell Spiele dort unterbringen. Wenn Sie mehrere Festplatten in Ihrem Rechner eingebaut haben, so lässt sich dort ebenso eine zweite Partition bzw. eine ganze Festplatte (außer das Startlaufwerk) als einzelne Partition für Windows einrichten. Es ist jedoch nicht möglich, eine externe Festplatte für die *Windows*-Installation zu benutzen.

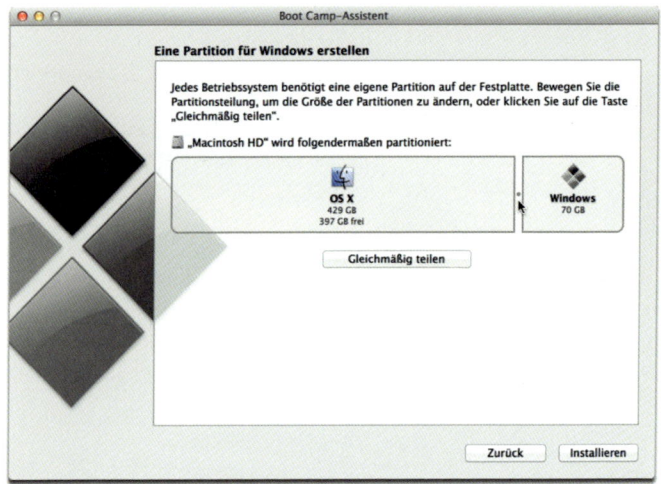

Wenn Sie später Windows installieren, muss die vom Apple-System eingerichtete Partition noch formatiert werden. Windows unterscheidet hier zwischen den beiden Dateisystemen *FAT* sowie *NTFS*. *FAT* steht für *File Allocation Table* und Sie können dieses System nur verwenden, wenn die Größe der Partition 32 Gigabyte nicht übersteigt. Des Weiteren steht dieses Dateisystem nur unter *Windows XP* zur Verfügung. Das *New Technology File System* (*NTFS*) ist das aktuellere Dateisystem und gilt gemeinhin als stabiler, zuverlässiger und auch ein wenig schneller. Für *Windows 7* und *8* ist das Dateisystem *NTFS* zwingend vorgeschrieben. Die Partitionsgröße ist hier frei wählbar, allerdings unter *OS X* nicht beschreibbar (jedoch einsehbar und es lassen sich Dokumente aus der Windows-Welt beispielsweise auf den Mac-Schreibtisch kopieren).

Sie können nun entweder den Mauspfeil zwischen die Partitionsblöcke setzen und mit gedrückter Maustaste ziehen, oder Sie klicken auf die angezeigte Taste *Gleichmäßig verteilen*.

Nun legen Sie bitte Ihre Software-DVD der 64-Bit-Version von Microsoft *Windows 7 Home Premium*, *Professional*, *Ultimate*, *Windows 8* oder *Windows 8 Pro* ein – aber bitte nicht alle auf einmal ;-) – und klicken dann auf *Installieren*. Im Falle des *Windows-ISO*-Image müssen Sie natürlich nichts einlegen – da reicht der einfache Klick auf *Installieren*. *Boot Camp* bereitet nun Ihre Festplatte auf und startet den Rechner neu.

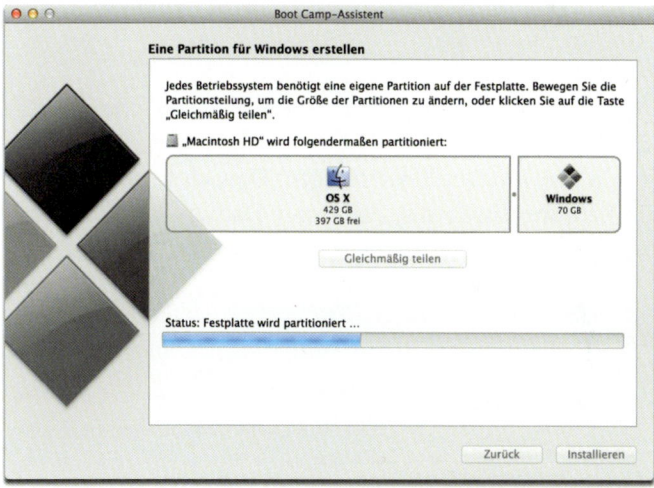

Nach dem Booten des *Windows-Installations*-Mediums (wir nutzen die 64-Bit-Software von *Windows 7 Professional*) heißt es die Installationssprache zu bestimmen sowie den Lizenzvertrag zu akzeptieren. Danach müssen Sie die von *Boot Camp* eingerichtete Partition zu formatieren. Suchen Sie sich richtige Partition mit dem Wort *BOOTCAMP* im Titel (bei uns nennt sie sich *Datenträger 0 Partition 4: BOOTCAMP*) und klicken Sie dann rechts unten im Dialog zuerst auf *Laufwerksoptionen (erweitert)* und im folgenden Dialog auf die Option *Formatieren*. Bestätigen Sie wieder den Warnhinweis mit *OK* und die eigentliche Installation beginnt.

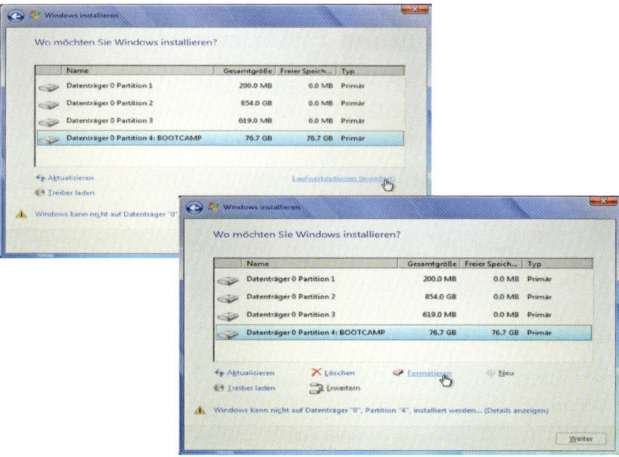

Nach zwei weiteren Neustarts wird dann der eigentliche Benutzer konfiguriert, indem Sie Benutzer- und Computername vergeben, ein Kennwort festlegen und den *Product Key* eintragen. Danach folgen die empfohlene Schutz-Einrichtung sowie die Zeit- und Datumseinstellungen, ehe die Mac-Treiber vom USB-Laufwerk aus installiert werden.

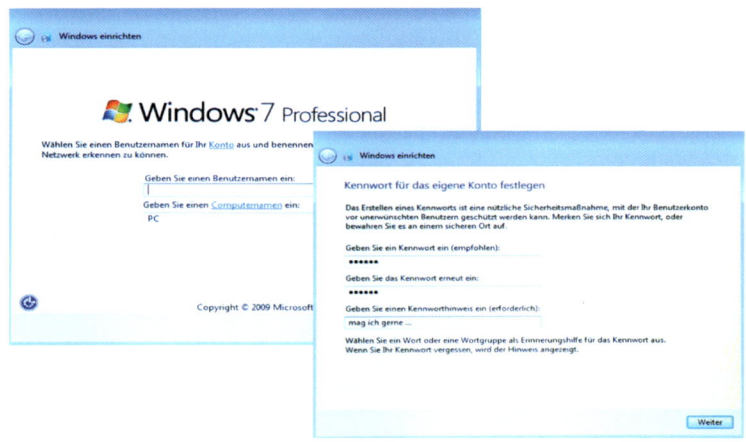

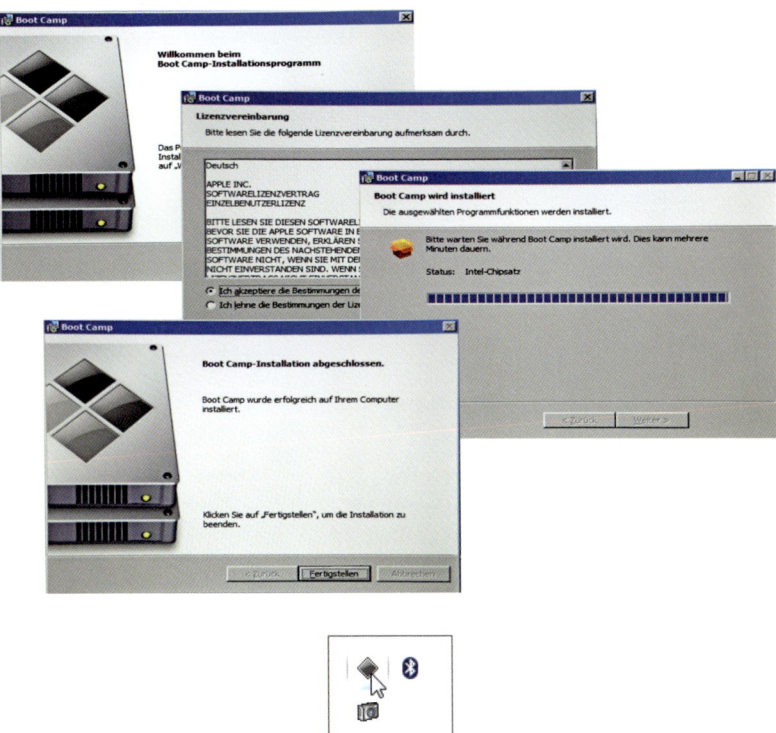

Nach einem weiteren Neustart zeigt sich Windows dann in voller Pracht und Sie können Tastatur, Trackpad, Bildschirmauflösung etc. ohne Probleme benutzen und anpassen. Neben der *Boot Camp-Hilfe* (die sich automatisch öffnet) können Sie auch auf den *Boot Camp-Manager* in der Taskleiste zurückgreifen, über den sich auch die *Boot Camp-Systemsteuerung* starten lässt.

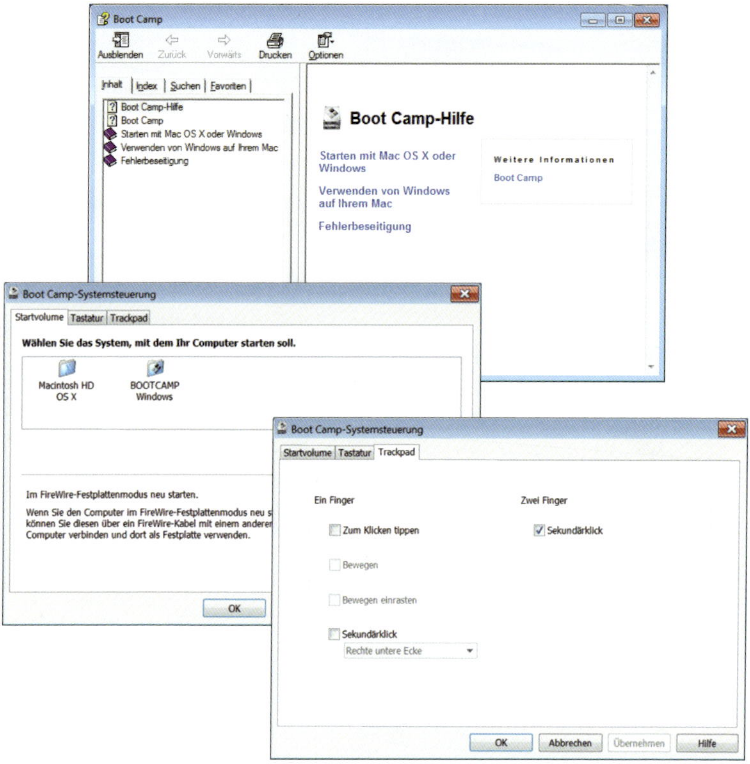

Wenn Sie sich noch nicht so richtig entscheiden können oder Sie einfach flexibel sein möchten, so können Sie sich ruhig für ein System festlegen. Wenn Sie nach dem Neustart des Mac-Rechners ganz flink die *Wahltaste (alt)* gedrückt halten, so können Sie sich bereits vor dem Booten entscheiden, was Sie denn heute tun möchten.

Wichtiger Virenschutz –auch kostenfrei möglich

Ganz egal, ob Sie Windows per Boot Camp oder über die nachfolgenden Software-Lösungen auf Ihren Mac spielen: Sobald Sie damit dann ins Internet gehen, muss – wie auf Ihrem bisherigen PC – ein entsprechender Virenschutz her. Auch wenn *Windows 8* einen Basisschutz mit dem Namen *Defender* hat, sollte sowohl für diese als auch für die Windows-Vorversionen ein »Scan«-Programm für Viren auf Ihrer Windows-Partition installiert werden.

Das muss keine kommerzielle Lösung sein. Zahlreiche Virenschutz-Hersteller bieten eine abgespeckte Varianten kostenlos an. Der Nachteil: Es taucht – z. B. bei einem Neustart – immer »Werbemeldungen« auf, die Sie natürlich zum Kauf des Vollprogramms, auch »Security Suite« genannt – animiert.

Eine gute Anlaufstelle hierzu ist die Website *heise.de/download/*. Klicken Sie dort auf *Windows | Sicherheit | Virenscanner*. Mögliche Programme heißen *Free Antivirus* entweder von den Herstellern *Avira* oder *avast!* oder auch *AVG AntiVirus Free*. Bitte beachten Sie auch die Bewertungen der bisheriger Nutzer. So bleibt die Schadsoftware bestmöglich draußen.

 Wie immer im Internet gilt aber, dass es keinen 100%-igen Schutz gibt, selbst wenn die Gratisprogramme durch konstantes Nachladen von neuen Sicherheits-Informationen bei ihren Herstellern sich stets auf dem Laufenden halten. Da ist die PC-Seite erwiesenermaßen eine größere »Angriffsfläche« als der Mac.

Darüber hinaus empfiehlt sich bei Nutzung der Windows-Welt mindestens ein zusätzlicher Internet-Browser wie *Google Chrome* oder *Mozilla Firefox*. Ein Tipp zum *Firefox:* Prüfen Sie dort auf die Website `www.mozilla.org/de/plugincheck/`, ob Programmerweiterungen (sogenannte »Plugins«) wie der erwähnte *Flash-Player* auf dem aktuellen Stand sind. Bei Bedarf können Sie diese hierüber auch gleich aktualisieren.

Windows und Mac zugleich – dank »Virtualisierung« mit Parallels oder Fusion

Neben der Option über *Boot Camp,* bei einem Neustart mit gedrückter *alt*-Taste sich entweder für Windows oder Mac auf Ihrem Apple-Rechner zu entscheiden, können Sie beide Welten auch gemeinsam auf Ihrem Rechner laufen lassen.

Dafür bieten zwei miteinander konkurrierende Software-Hersteller – *Parallels* und *VMware* – jeweils eine sogenannte Virtualisierung von Windows auf dem Mac an. Um es vorweg zu nehmen: Beide sind recht ähnlich. Wo dennoch die (kleinen) jeweiligen Unterschiede liegen, erläutern wir hier.

Herunterladen und Einrichten, wie schon gewohnt …

Die aktuellen Anwendungen *Parallels Desktop* oder *VMware Fusion* lassen sich recht schnell aus dem Internet besorgen. Wer noch unentschlossen ist, kann sich dabei durchaus für eine 14-tägige Testversion entscheiden, die zu nichts verpflichtet.

- *Parallels Desktop 9* kostet gut 80€; ein Upgrade ist für 50€ immerhin noch ab Version 7 noch machbar. (Vor dem Betrieb der alten 7er-Version auf *Mavericks* wird vom Hersteller sogar gewarnt.) Einzige Hürde: Sie müssen Mail-Adresse und Namen (Letzteres spätestens beim Installieren) kundtun – ohne diese können Sie die Software nicht installieren. www.parallels.com/de/products/desktop/

- Bei *VMware Fusion 6* schlägt nur mit ca. 54€ zu Buche. Ein Upgrade ist hier für 45€ zu haben (seit Version 4). `www.vmware.com/de/products/fusion/`

Das Installieren läuft genauso ab, wie wir dies in der Umsteigefibel schon an anderer Stelle (beispielsweise zu *Skype)* beschreiben: Zuerst laden Sie eine Installationsdatei, die Sie dann aus dem Ordner Downloads heraus doppelt anklicken. Danach startet – mit Rückfragen Ihres Macs, ob Sie dies auch wirklich wollen – die eigentliche Einrichtung. Hierbei ist dann Ihr Administratoren-Kennwort gefragt.

 **Danach gewöhnen Sie sich bitte an den Begriff der »Virtuellen Maschine«. Unter dieser werden dann die parallelen Windows-Welten (sei es von *VMware* oder von *Parallels)* installiert.**

Allerdings beginnen nun schon die Unterschiede: In *Fusion 6* lässt sich geschwind eine virtuelle Umgebung installieren. Allerdings müssen Sie sich anschließend um die Installationsdateien für das darauf laufende Betriebssystem selber kümmern.

Anschließend können Sie aber auch einfach ein – wie im *Boot Camp*-Abschnitt beschrieben – *Windows ISO*-Image auf das Einrichtungsfenster ziehen. Spätestens dann weiss *Fusion*, wie es weitergehen soll.

In *Desktop 9* ist dies »kundenfreundlicher« gelöst. So lässt sich hier sofort zwischen verschiedenen Optionen wählen, da *Parallels* gleich alle Datenträger nach etwaig zur Verfügung stehenden Images scannt und diese dann anbietet.

Insgesamt ist die Installation von *Parallels* eher »mac-like«, was aber nur ein Kriterium von mehreren sein sollte.

Dazu will *Parallels Desktop* auf Ihre Kontakte zugreifen; hier können Sie getrost *Nicht erlauben* auswählen – dieser Aspekt wird wenig später auf diesen Seiten nochmals kritisch beäugt.

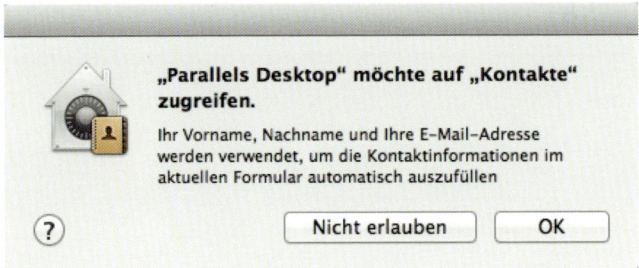

Technik-affine Nutzer können sogar eine *Ubuntu*-Version von *Linux* downloaden. Auch bieten *Parallels* und *VMware* an, Ihren alten Windows-PC in diese *Virtuellen Maschinen* zu importieren. Aber das ist ja nicht Zweck dieser Fibel, wo Sie doch auf den Mac wechseln wollen …

Verschiedene Ansichten – Vollbild, »integriert« oder separat

Wie genau sich dann Windows auf dem Mac präsentieren soll, können Sie in drei verschiedenen Ansichten festlegen:

- Entweder läuft Windows in einem separaten Fenster auf Ihrem Mac; dort findet sich dann der Windows-Schreibtisch mit Taskleiste, Papierkorb etc.

- Sie können Windows auch als Vollansicht auf Ihrem Mac aufrufen. Die Mac-Welt verschwindet dann zeitweilig in den Hintergrund. (Gleich als Tipp: Rutschen Sie mit der Maus oben rechts in die Ecke, wenn Sie »nicht nur Windows an Ihrem Mac« sehen wollen. Mit Klick auf die zwei blauen Pfeile kommen Sie wieder zurück zur erstgenannten Fensterdarstellung).

- Oder Sie »integrieren« beide Welten an einem Bildschirm. *Fusion* nennt diese Ansichts-Art dann *Unity, Parallels* hat dies *Coherence* getauft. Dabei wird der Windows-Desktop zwar ausgeblendet, die PC-Funktionen stehen aber dennoch zur Verfügung. Sie sehen also das Mac-Dock, aber auch die Kacheln, hier von der Vorschauversion von *Windows 8.1*. Darüber hinaus wird ein Windows-Ordner gleich unten rechts neben dem Mac-Papierkorb im Dock abgelegt, über den Sie in die PC-Ordnerstruktur gelangen.

Speziell die integrierte Version hat es dabei in sich. Das liegt aber nicht am Mac, sondern an der ab *Windows 8* neuen Darstellungsversion mit den Kacheln (von *Microsoft* lässig *Metro-Style* getauft). Knackpunkt ist hier das Startmenü, welches ja – viel diskutiert – eben seit der neuen Windows-Version weggefallen ist.

Parallels liefert bei der *Coherence*-Ansicht nur eine Art »Aufklappme-nü« über die oberen Menüleiste. Wenn Sie aus der »integrierten Ansicht« wechseln wollen, wählen Sie hier *Coherence verlassen*.

Nachfolgend können Sie dann im Mac-Dock auf weitere Darstellungsoptionen (zurück-) wechseln. An gleicher Stelle finden Sie auch die Option, das Start-menü inklusive Suchfunktion – hier: *Windows 7-Look verwenden* – einblen-den zu lassen.

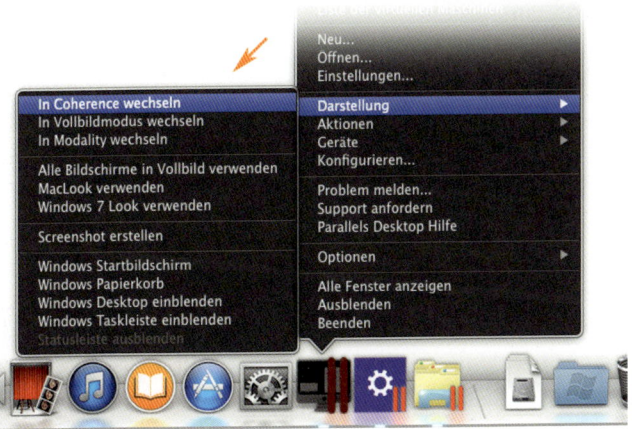

VMware ist hier im Vorteil, da es das Startmenü – ebenfalls angelehnt an die Version von *Windows 7* schon von sich aus präsentiert. Und genau hier können Sie auch zwischen den Ansichtsarten wechseln.

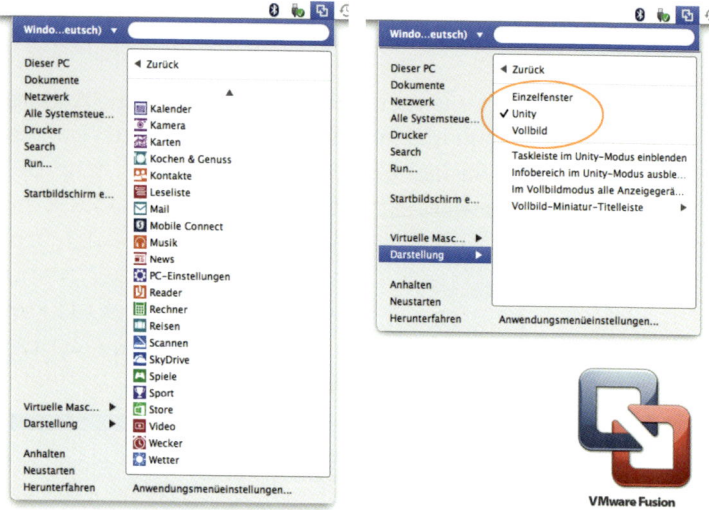

VMware Fusion

 **Sofern Sie mit den Kacheln arbeiten wollen, wählen Sie lieber den (zweiten) Modus der Vollbildansicht. Da kommen Sie mit den beiden Designsprachen von Windows und Mac nicht durcheinander.**

Nun können Sie also die PC-Programme installieren. Generell gilt: Formatierte Text- und Bilddaten aus der Windows-Welt werden problemlos auch in der Mac-Welt übernommen. Dies geschieht bei getrennter Fensterdarstellung einfach über ein Klicken und Ziehen mit der Maus (auf Englisch *Drag & Drop)*.

 **Gerade darin liegt ja der Charme, z.B. wenn Sie mit einem Windows-Programm noch eine Datei erstellt haben und diese dann per *Mail (Mac)* verschicken wollen.**

Weitere Highlights dieses Win/Mac-Doppelspiels auf Ihrem Rechner sind:

- Sie können die Diktierfunktion aus der Mac-Welt auch PC-seitig nutzen. Klicken Sie dafür einfach zweimal die *fn*-Taste (mehr dazu auch im Grundlagenbuch).

- Um Dopplungen bei den Dateien zu vermeiden, können Sie durchaus auch »Wolkendienste« wie *Dropbox, Skydrive* oder *GoogleDrive* einsetzen, auf die Sie vom Mac- wie auch vom Windows-Betriebssystem zugreifen. In *Parallels* aktivieren Sie dies, indem Sie im *Coherence*-Modus (also dann, wenn oben rechts in der Menüleiste die zwei roten Striche zu sehen sind) zuerst die *alt*-Taste drücken und dann dort im Menü auf *Konfigurieren* klicken. Danach steuern Sie in der Rubrik *Optionen* bei *Freigaben* die entsprechenden Zugriffsmöglichkeiten. Hier findet sich auch die Freigabe der gemeinsamen Windows/Mac-Ordner wie kurz zuvor erwähnt.

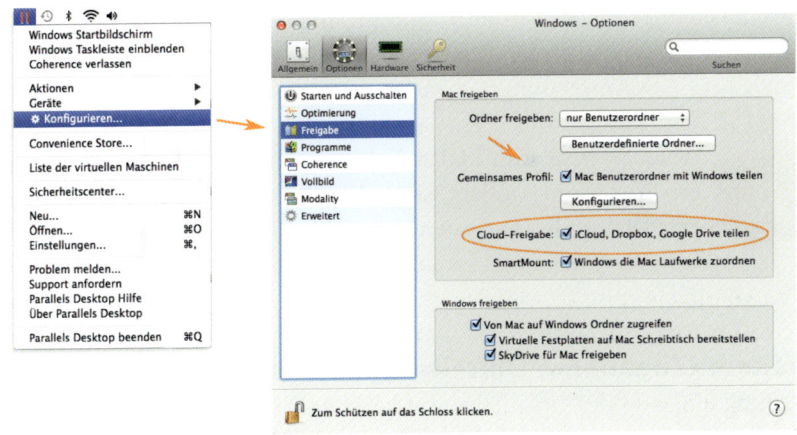

- Dank *PowerNap* – der in dieser Fibel vorgestellten »Hintergrundaktualisierung« auf dem Mac – werden auch Windows-seitig Updates für System oder (PC-)Kalender/E-Mails automatisiert nachgeladen, während Ihr Rechner schlummert. Das lässt uns aber auch noch einmal den

Ratschlag wiederholen, dass auf jede (!) Windows-Installation ein Anti-viren-Programm gehört …

Der Unterschied zwischen *Parallels* und *Fusion* geschieht aber auch unter der Haube: Speziell bei grafiklastigen Windows-Spielen wird ja eine Schnittstelle namens »DirectX« benutzt. Hier geht der Vorteil an *Parallels*, da dies *DirectX 10* nutzt, währenddessen *Fusion* nur mit *DirectX 9* operiert.

Noch besser ist es aber, bei »richtigen Ballerspielen« oder bildgewaltigen Rollenspielen (beides gehört leider nicht zu unserem Erfahrungshorizont, auch wenn gerade Letztere durch ihre *High End*-Darstellung faszinierend sein mögen) dann auf die *Boot Camp*-Version zurückzugreifen.

Für solche Profinutzer, die komplexere CAD-Anwendungen (zum Planen von Gebäuden oder Modellen) auf dem Mac betreiben wollen, ist ebenfalls – Achtung: hier wird es nun etwas »technischer« – zu *Boot Camp* zu raten, da sowohl *Parallels Desktop 9* als auch *VMware Fusion 6* nur den älteren *OpenGL*-Standard 2.1 abbilden (aktuell gibt es ja schon *OpenGL* 4.4). Dennoch raten gerade bei CAD-Anwendungen manche eher zu *VMware Fusion.*

 **Wenn Sie also »nur mal zwischendurch« auf die PC-Anwendungen zugreifen wollen, sind die Virtualisierungen ideal. Für anspruchsvolle Aufgaben empfiehlt sich beim Neustart die *alt*-Taste zu drücken und auf das installierte *Boot Camp* zu wechseln.**

Weitere »Zugaben« / Unfreiwillige Datenflüsse verhindern

Um Ihnen nun die richtige Entscheidung zwischen den beiden Virtualisierungen geben zu können, möchten wir noch auf das Angebot von *Parallels* hinweisen, dass Sie beim Kauf eine zeitlich begrenzte Gratis-Version der iPad-Software *Parallels Access* herunterladen können. Mit *Access* (nicht zu verwechseln mit der Datenbank-Anwendung von *Microsoft)* können Sie über Ihr iPad – so Sie denn eines haben – auf Ihren Windows-Rechner zugreifen. Nach einem – aktuell kostenlosen 6-monatigen Abo – wären derzeit 70€ pro

Jahr fällig, was ein bisschen happig ist. Zumal es hier auch eine Alternativ-Software von *Teamviewer* (was über die Umsteigefibel etwas hinaus geht).

Ein ärgerlicher Punkt zu *Parallels Desktop 9:* Da Sie ja bei der Installation auch der Testversion schon Ihre Mail-Adresse preisgeben mussten, wird diese ungefragt verwendet, um dem Hersteller die Konfiguration der Hard- und Software Ihres Macs und die Einstellung der Virtuellen Maschinen zu übermitteln. Aus unserer Sicht ein Unding, welches bei *VMware Fusion 6* nur optional auswählbar ist.

So deaktivieren Sie das »Feedback-Programm« von *Parallels Desktop:*

- Im *Coherence*-Modus drücken Sie wieder die *alt*-Taste und wählen dann im *Parallels*-Menü *Einstellungen* (siehe Abbildung).

- Klicken Sie dann oben in der Rubrik *Erweitert.*

- Anschließend nehmen Sie den Haken neben dem Stichwort *Feedback* weg. Ganz schön dreist vom Hersteller …

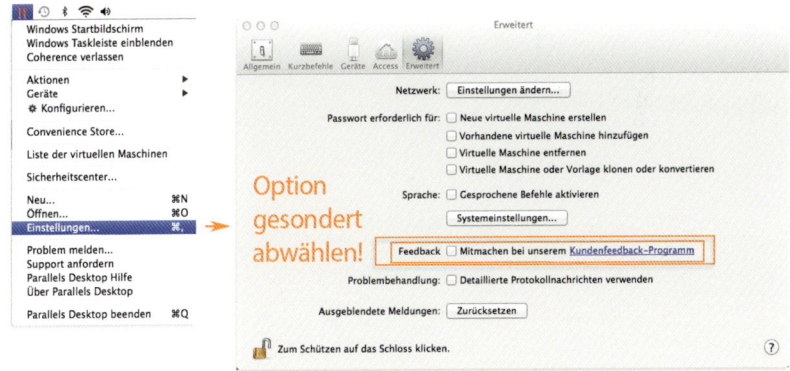

VMware Fusion ist preislich attraktiver, ohne Frage. Darüber hinaus können Sie die Software auf bis zu drei Macs einsetzen. Dennoch bleibt eine finale Entscheidung für oder gegen eine der beiden Produkte eher dem Leser überlassen.

Die besten Programme auf dem Mac sowie Tipps zum idealen Workflow

Wo die Potenziale schlummern: im Launchpad

 In *OS X Mavericks* steht Ihnen das *Launchpad* als »Startrampe« für alle auf dem Apple-Rechner installierten Anwendungen zur Verfügung. Oft gibt es jedoch mehr Programme, als eine Bildschirmansicht überhaupt zeigen kann. Deswegen wischen Sie mit zwei Fingern auf dem Trackpad oder mit Klick auf den rechten der beiden (oder von mehreren) weißen Punkten unterhalb der Symbol-Sammlung, um eine weitere bildschirmfüllende Ansicht von Programmen zu bekommen. Per Mausklick auf ein Programm starten Sie die App.

Mit *Launchpad* können Sie die Fülle an Apps besser organisieren – so die Absicht von Apple (wie genau, zeigen wir gleich). Eines ist aber sicher: Sobald Sie eine Anwendung auf dem Mac installieren, finden Sie diese auf der ersten oder den Folgeseiten des *Launchpads* wieder.

Auch über die Such-Funktion *Spotlight* lassen sich Ihre Programme aufrufen. Dies geht über die Tastenkombination *cmd*-Leertaste rechts oben am Bildschirmrand. Tippen Sie dann die ersten Buchstaben des Programmes ein (Beispiel: »konta«) – mit den ersten Vorschlägen können Sie dann das Wunschprogramm (hier: *Kontakte* für Ihr Adressbuch) einfach per Klick starten.

Wissenswert: Auf der ersten Seite im *Launchpad* werden grundsätzlich alle über *OS X Mavericks* installierten Programme angezeigt, auf den weiteren jene von den anderen Herstellern. Sie können dort einzelne Programme verschieben, indem Sie das jeweilige Symbol mit gedrückter Maustaste an eine andere Stelle bewegen. Oder Sie schieben es z. B. an den Rand des Displays – warten Sie eine Sekunde und Sie springen eine Seite weiter/zurück oder legen automatisch eine weitere Programmseite im *Launchpad* an.

Auch in *Launchpad* präsentiert sich – vergleichbar mit *Spotlight* – ein Suchfenster. Das müssen Sie noch nicht einmal gesondert antippen. Schreiben Sie einfach los, welches Programm Sie suchen (z. B. »ip«), und es werden Ihnen alle Programme, die so beginnen, aufgerufen – hier also »ip« für den Namensanfang von *iPhoto*.

Apps lassen sich im *Launchpad* auch organisieren, indem Sie sie beispielsweise thematisch gesammelt in Ordnern zusammenfassen. Packen Sie dazu einfach eine App und ziehen Sie auf eine andere – es bildet sich umgehend ein neuer Programm-Ordner, der sich auch umbenennen lässt (einfach auf den Namen klicken und losschreiben). Diese Ordner lösen Sie im *Launchpad* wieder auf, indem Sie einzelne App aus dem Bereich der Box herausziehen. Schon findet sich diese wieder auf der Hauptebene.

Apps, die Sie täglich benutzen, sollten Sie zudem ins Dock befördern. Ziehen Sie sie dafür einfach aus *Launchpad* ins Dock hinein. Falls Sie sie dort wieder herausziehen sollten, verschwinden sie zwar aus dem Dock (dargestellt durch eine kleine Staubwolke), aber sie sind – zu Ihrer Beruhigung – deswegen nicht von Ihrem Mac gelöscht. Erst wenn Sie diese aus dem *Launchpad* auf den Papierkorb ziehen, werden sie deinstalliert.

Ein weiterer Tipp zur Arbeitserleichterung: Programme, die Sie häufiger oder gar alltäglich nutzen (wie z. B. *Mail* oder *Safari*) lassen sich automatisch bei jedem Computerstart aktivieren. Das erledigen Sie entweder über das Dock, indem Sie mit gedrückter *ctrl*-Taste (oder per Rechtsklick/Zweifingertipp) auf das jeweilige Icon klicken und über das Kontextmenü die *Optionen* | *Bei der Anmeldung öffnen* wählen.

Oder Sie starten die *Systemeinstellungen* und rufen dort die Abteilung *Benutzer & Gruppen* auf. Wählen Sie anschließend den Reiter *Anmeldeobjekte* und über das unten stehende *Plus*-Symbol jene Programme, die automatisch beim Hochfahren gestartet werden sollen.

Neben den eigentlichen Programmen gibt es auf dem Mac sogenannte »Widgets« (sprich: »Widsches«). Diese kleinen Hilfsprogramme zum schnellen Abfragen des Wetters, der Aktienkurse oder aktueller Umrechnungskurse benötigen allerdings meist eine bestehende Internetverbindung.

Sie erreichen diese, indem Sie entweder auf der *Magic Mouse* mit zwei Fingern oder auf dem *Trackpad* mit drei bzw. vier Fingern nach rechts wischen. Zurück geht es mit einem solchen Wisch nach links.

Vielleicht haben Sie ja mal aus Versehen auf diese Weise den Bildschirm so »verrutscht« – jetzt wissen Sie auch, wie Sie da wieder »rauskommen«.

Ähnliches gilt für die Einrichtung mehrerer Schreibtische (»Spaces«) an einem Mac. Für Profianwender sicherlich von Nutzen, für Einsteiger eher verwirrend, richten Sie so mehrere Schreibtische auf einem Bildschirm über *Mission Control* ein. Falls Sie sich dafür interessieren, empfehlen wir Ihnen das umfassende Grundlagenbuch.

Soweit zum Verständnis, wie Apple die Programme auf Ihrem Rechner organisiert hat. Bevor es nun wirklich losgeht, noch zwei grundsätzlich hilfreiche Tastenkombinationen:

- Sobald Sie ein Programm gestartet haben, können Sie danach die jeweiligen Einstellungen (meistens) über die Tasten *cmd-Komma* (also *cmd-,*) aufrufen und nach eigenem Bedarf justieren.

- Und noch viel wichtiger: Ein Programm beenden Sie immer mit der Tastenkombination *cmd-Q* (für *Quit* / beenden). Darüber hinaus können Sie zwischen den Programmen wechseln, indem Sie die Tasten *cmd-Tabulator* drücken. (Das zur kleinen Auffrischung vom Anfang dieser Fibel).

PDFs und Bilder – mit dem Programm »Vorschau«

 Sobald Sie Bilder oder eine PDF-Datei zum Öffnen doppelt anklicken, startet das Programm *Vorschau*. Damit lässt sich nahezu jedes gängige Bildformat (JPG, PICT, GIF, PNG und TIFF) betrachten.

Zur Erinnerung: Sie können aus fast allen Dokumenten am Mac auch ein PDF erzeugen. Öffnen Sie Ihre Datei, gehen Sie über das Menü *Ablage* (bzw. *Datei*) | *Drucken* und klicken dann links unten den Knopf *PDF*. Es öffnet sich ein Auswahlmenü, über das Sie *Als PDF sichern* wählen. Geben Sie anschließend noch den Speicher-Ort (etwa den *Schreibtsich* oder den Ordner *Dokumente*) an und klicken Sie abschließend auf *Sichern*. Möchten Sie ein Dokument gleich als PDF per E-Mail verschicken, so wählen Sie statt des Befehls *Als PDF sichern* nunmehr *PDF versenden*.

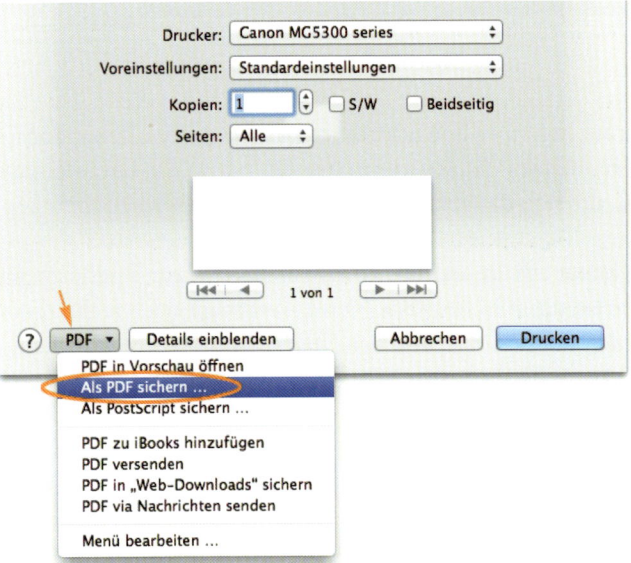

Über das Programm *Vorschau* können Sie auch PDFs bearbeiten – z. B. indem Sie Kommentare hineinschreiben, die Sie über das Menü *Werkzeuge* |

Anmerken erreichen. Falls Sie in der Vollbildansicht arbeiten, müssen Sie allerdings die Maus einmal an den oberen Bildschirmrand bewegen, um an die Befehle zu kommen. Oder Sie lassen sich gleich über das Menü *Darstellung* die *Werkzeugleiste einblenden*, um so gleich loszulegen.

Bevor Sie anfangen, sollten Sie immer von der zu bearbeitenden Datei eine Kopie über *Ablage | Duplizieren* erzeugen, um so Ihr Original (speziell bei Bilddaten, die sich danach nicht mehr ändern lassen) zu schützen.

Vorschau bietet etliche weitere Funktionen, u. a. zur Bildbearbeitung. Die Einfachste ist, das Bild über das Menü *Werkzeuge* nach *rechts (cmd-R)* oder *links (cmd-L)* zu drehen. Bitte beachten Sie im *Werkzeuge*-Menü auch die Optionen zur Bildbearbeitung der Farb- und Größenkorrektur.

Somit macht Apple die kommerzielle Vollversion von *Acrobat X* oder andere PDF-Erzeugungsprogramme, wie sie bis *Windows 7* erforderlich waren, auf dem Mac überflüssig – zumindest dann, wenn Sie keine komplexen Datenstrukturen wie interaktive Fragebögen etc. abspeichern wollen. Darüber hinaus lassen sich auch über *Safari* PDFs anschauen. Den *Adobe*

Reader X (ehemals *Acrobat Reader)* können Sie sich, sofern gewünscht, natürlich dennoch unter `get.adobe.com/de/reader/` gratis herunterladen.

Sollten Sie noch kein *Microsoft Office für Mac* auf dem Rechner haben (siehe unten), können Sie von außen zugelieferte Daten aus *Word, Excel & Co.* hier zumindest inhaltlich betrachten – was für »Info zwischendurch« schon recht praktisch ist.

Als Alternative zu *Vorschau* können Sie sich auch den *Graphic-Converter* zur Erst-Bildbearbeitung herunterladen: `www.lemkesoft.de/produkte/graphicconverter/` Hierzu gibt es auch eine kommerzielle Anwendung; zum Austesten reicht aber die angebotene (deutschsprachige) Demo-Version. Weitere Bildbearbeitungsprogramme empfehlen wir noch im Laufe dieses Kapitels.

Bilder, Filme und Musik – Anwendungen nicht nur von Apple

Apple hat nicht ohne Hintergedanken einen eigenen »Internet-Laden« namens *Mac App Store* aufgemacht, über den vorrangig Programme / Apps von Ihnen gekauft und dann heruntergeladen werden können. Schließlich gibt es gerade von Apple zahlreiche Einzel-Programme und Programm-Pakete, mit denen Sie den digitalen Alltag auf dem Mac besser gestalten können.

Ein Beispiel sind die Einzel-Anwendungen *iPhoto, iMovie* oder auch *GarageBand*, die es mittlerweile zu jedem neuen Mac kostenfrei dazu gibt. Auch auf neuen Apple-Mobilgeräten mit dem Betriebssystem *iOS 7* sind diese gratis verfügbar – was letztlich den Kaufanreiz erhöht, da die Daten sich problemlos untereinander teilen und bearbeiten lassen. Ein Stichwort ist hier z. B. der *Fotostream* über verschiedene Geräte hinweg mit der *iCloud*.

Zumindest bei *iPhoto* und *iMovie* lässt sich noch »erraten«, dass diese für die digitale Bildbearbeitung und den Videoschnitt verantwortlich sind. Beides sind in ihren Grundfunktionen wirklich intuitiv zu bedienende Programme, sobald Sie Ihre Digitalkamera oder Ihren Camcorder an den Mac gestöpselt haben. Probieren Sie es aus! Das Schöne daran: Alle Programme können Sie zwar unabhängig voneinander bedienen. Doch überzeugen diese gerade dadurch, dass sie nahtlos ineinandergreifen. So lassen sich problemlos Bilder aus *iPhoto* via *Mail* versenden und so mit Dritten teilen – auch als Online-Galerie oder auf gedruckten Medien / in Fotobüchern (die Druckoption steht Ihnen mittlerweile sogar von iPad / iPhone aus zur Verfügung).

Um nicht alles *Google* ergo der Firmentochter *YouTube* zu überlassen, können Sie Ihre Filme alternativ bei *Vimeo* unterstellen. Und natürlich können Sie sowohl bei *iPhoto* als auch bei *iMovie* Ihre Erfolgserlebnisse auch gleich mit *Facebook* und *Twitter* verbinden. So erfreut sich die Welt (oder auch nur ein genau definierbarer Freundeskreis) an Ihren Bildern respektive Filmen.

Bitte beachten Sie dazu auch die ausführliche Programmanleitung von Daniel Mandl jeweils zu *iPhoto* und *iMovie* – aktuelle Details finden Sie auf unserer Website wie z.B. `www.mandl-schwarz.com/14/imovie`

Im Reigen der Multimedia-Programme von Apple wäre noch *GarageBand* zu erwähnen, mit dem Sie mittels weniger Klicks überraschend kreative Musiksequenzen zusammenstellen können. *GarageBand* ist das Programm mit dem am meisten unterschätzten Potenzial – wohl auch, weil sich viele (zu Unrecht) nicht zutrauen, eine kleine virtuelle Musik-Combo am Mac zu bespielen.

Nach einigen Klicks mit *GarageBand* könnte der »mutige« Leser durchaus süchtig nach den Erfolgserlebnissen werden, die sich nachweislich einstellen. Der Spaß kostet Sie nichts, da *GarageBand* bereits vorinstalliert ist. Und Apple selbst bietet über seinen Store für *GarageBand* weiteres, hochqualitatives Musikmaterial wie zusätzliche »virtuelle Drummer« an – neben der schon ordentlichen Grundausstattung – zum Kauf von unter 5€.

Auch hier über den Horizont geblickt: Apple bietet für die professionellere Nutzung auch Bildbearbeitungsprogramme wie *Aperture* (hier das Programm-Logo mit der Linse) und zur Videobearbeitung *Final Cut Pro* an. Weitere Details finden Sie über den *Mac App Store*.

Daneben beachten Sie auch die Angebote wie z. B. vom Hersteller *Adobe* das Bildoptimierungsprogramm für Einsteiger *Photoshop Elements*, das große *Photoshop* (nur als Abonnement verfügbar) oder *Lightroom* für die professionelle »Fotokomposition« und RAW-Bearbeitung. Auch *Premiere Elements* mag zur Videobearbeitung einen Blick wert sein; mehr Details finden Sie hierzu auf www.adobe.de

Im Reigen der »i«-Programme darf – auch in Hinblick auf iPod, iPhone und iPad – die Software *iTunes* nicht fehlen. Diese kennen Sie ja vielleicht schon von Windows: Darüber lassen sich Bilder, Musik und Filme auf den Apple-Geräten organisieren und teilen.

Da das eigene Zuhause zusehends digitaler wird, können Sie über *iTunes* und das (käuflich zu erwerbende) Zusatzgerät *Apple TV* Ihre Medien-Inhalte auch auf dem Fernseher abspielen. Das klappt auch über iPad, iPhone oder iPod touch, ohne dass Sie hier den Mac angeschaltet haben müssen. Weitere Informationen zur Vertiefung bietet Ihnen hierzu auch das Buch *iTunes mit iOS 7* von Daniel Mandl: www.mandl-schwarz.com/14/itunes/ inklusive einer ersten Leseprobe (PDF) zum Download.

Und was ist mit Lektüre?
Die neue Anwendung »iBooks«

Wer *Mavericks* auf dem Rechner hat und dabei ein Buch wie dieses in den Händen hält, ist ein Kandidat für das Programm *iBooks*. Die App fungiert hierbei als Regal für alle digitalen Bücher (sogenannte eBooks), hortet aber auch PDF-Dateien. Bei eBooks handelt es sich in der Tat um Bücher, die man am Bildschirm sogar umblättern kann – wenn auch nur animiert. Und damit Ihnen hier der Lesestoff nicht ausgeht, hat Ihnen Apple natürlich eine direkte Verbindung zum *iBook Store* eingebaut. Bücher, die Sie darüber erwerben, werden über die *iCloud* auch gleich auf Ihre anderen mobilen Apple-Gerätschaften geladen und nach Gebrauch synchronisiert – inklusive der von Ihnen gesetzten Lesezeichen und getätigten Notizen.

Allerdings stellt sich Frage, ob man am Mac wirklich ausführliche Lesestunden verbringen mag. Mit Sicherheit wird das Programm (auch dank zusätzlicher Multimedia-Funktionen) in Zukunft weiter ausgebaut.

 Auch auf unserer Verlags-Website gibt es zahlreiche eBooks, die Sie – teilweise kostenfrei – nach dem Einloggen und Herunterladen dann in der Anwendung *iBooks* genießen können.

Optimale Orientierung: mit »Karten« von Apple

Auch die App *Karten,* die ebenso wie *iBooks* mit dem neuen System *OS X Mavericks* auf dem Mac Einzug gehalten hat, gilt mit Sicherheit als noch ausbaufähig. *Karten* ähnelt ein wenig *Google Maps*. Da Apple aber ungern von Dritten (hier: *Google)* abhängig ist, hat es *Karten* als eigenständige Kreation erschaffen. Wie vielleicht schon gewohnt können Sie auf die drei Ansichten *Standard* (normales Kartenmaterial), *Satellit* oder *Hybrid* (beides übereinander gelegt) zurückgreifen. So lässt von oben auf Hausdächer gucken, um etwa in Nachbars Garten die Länge des Pools zu bewundern oder den Abstand vom zu buchenden Ferienhaus zum nächsten besser abschätzen zu können.

Viel eher wird Ihnen aber die Routenfunktion gefallen, bei der Sie das Er-
gebnis auch auf die mobilen Apple-Geräte senden können. Verfügen Sie
dann z. B. über ein iPhone oder über ein iPad mit Mobilfunk-Funktion,
so lassen sich diese problemlos als Navigationsgeräte im Auto einsetzen.
Auch wertvolle Zusatzinformation in Form von Verkehrsmeldungen/Ver-
kehrsdichte bzw. visuellen Streckenhinweisen (Baustellen, Sperrungen
etc.) lassen sich abrufen.

Voraussetzung hierbei ist aber immer das aktuelle mobile Betriebssystem
iOS 7 sowie eine gemeinsame Anmeldung via *iCloud* – sprich: das iPhone
»muss auf Ihren Namen hören«, also auf Ihre *Apple-ID* eingetragen sein.

Ein weiteres Highlight der *Karten*-App sind die *3D*-Ansicht sowie *Flyover*,
wobei diese nur in größeren Städten zu bewundern sind. Über *3D* erhalten
Sie sozusagen neben der üblichen Draufsicht einen Blick aus einer anderen
Perspektive, wobei Sie den Winkel der Darstellung anpassen können. *Fly-
over* hingegen ist noch einen Tick spektakulärer, da die dreidimensionale
Darstellung weitaus realistischer und qualitativ hochwertiger erscheint.

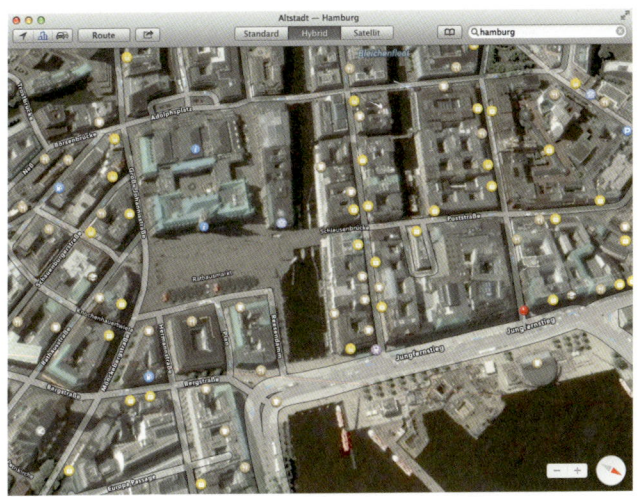

Der virtuelle Rundflug fasziniert deswegen, da hier die öffentlichen Monumente nicht abgefilmt, sondern abfotografiert wurden – und später alles (gewissermaßen als »Kulissen / potemkinsche Dörfer«) wieder digital zusammengesetzt wurde.

Schreiben mit dem Mac – Office- und Programm-Alternativen

Zum einfachen Verfassen von Texten nutzen Sie das Apple-Programm *TextEdit*, über das Sie auch formatieren, also unterstreichen, fetten und kursiv stellen können. Um Daten auch mit Windows-Nutzern zu tauschen, sollten Sie im *TextEdit*-Programm unter *Ablage | Speichern* das Dateiformat *RTF-Dokument* wählen. *RTF* steht dabei für *Rich Text Format*. Im Dialogfeld sehen Sie dies spätestens dann, wenn Sie links unten die Option *Suffix ausblenden* deaktivieren: Ihrer Textdatei wurde dann ein ».rtf« angehängt (*Suffix* steht für Dateianhang). Das garantiert den reibungslosen Austausch zum Beispiel mit *Microsoft Word,* mit dem ja immer noch die »halbe Welt« arbeitet …

Dabei sind wir auch schon beim etabliertesten Programmpaket von *Microsoft Office.* Dieses gibt es nicht nur als Windows-, sondern auch als eigene Apple-Version. Diese Anschaffung lohnt sich gerade für jene, die weiterhin mit *Office*-Nutzern aus der Windows-Welt zusammenarbeiten und Daten tauschen.

Ermöglicht wird dies durch einheitliche Format-Vorlagen in …

* *Word* zur umfassenderen Textverarbeitung,
* *Excel* zur Tabellenkalkulation (zum Thema »Datenbanken« finden Sie weiter unten noch einen Hinweis) sowie
* *PowerPoint* für die Präsentation von Inhalten.

Sollten Sie nicht genau wissen, ob Ihr Gegenüber (egal ob Windows oder Mac) ebenso die aktuelle Programm-Version nutzt, empfiehlt es sich immer, die alten *97/98*-Officeformate mit den Endungen ».doc«, ».xls« und ».ppt« zu verwenden. Sie können diese wählen, indem Sie Ihr Dokument in *Word, Excel* oder *PowerPoint* öffnen und dann über das Menü *Datei | Speichern unter* bei *Dateiformat* eben die *97/98*-Vorlage bestimmen.

Nebenbei: Bei einem Dokument mit Bildern wählen Sie am Mac problemlos das PDF-Format, das seit *Windows 8* auch PC-Nutzer ohne Zusatzprogramm betrachten können.

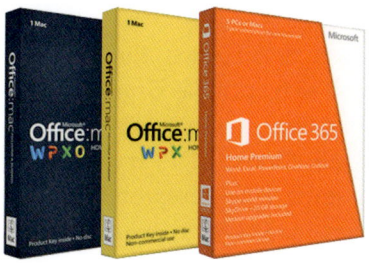

Microsoft hat mittlerweile (wie einige andere Software-Anbieter auch) seine Produkte umgestellt, indem es diese nur noch als Download-Version anbietet – und das in einer größeren Vielfalt (z. B. mit oder ohne *Outlook,* was Sie als Mac-Nutzer nicht unbedingt benötigen). Eine Testversion können Sie ja immer herunterladen (z. B. über `heise.de/download/`).

Achten Sie darauf, wie lange genau die Lizenz läuft (ob pro Jahr oder unbegrenzt). Erwägenswert wäre die *Home & Student-Version 2013* für ca. 100€. Alternativ können Sie über Online-Versteigerungsplattformen auch noch die ältere Version *Office:mac 2011* als richtige Programmbox »ergattern«. Schließlich ist die Produktpolitik der Abo-Modelle oftmals noch umstritten, was man auch bei den Kundenrezensionen eines etablierten Online-Kaufhauses nachlesen kann.

Unabhängig vom Kauf des Programms bietet der Hersteller mit den »Office Web Apps« eine reduzierte Programm-Funktion über das Internet an, mit der Sie online *Word-*, *Excel-* und *PowerPoint-*Dokumente öffnen, bearbeiten und freigeben können. Allerdings scheint uns diese Produktentwicklung arg in den Kinderschuhen zu stecken. Nur wen es wirklich interessiert, findet weitere Details unter dieser Internet-Adresse: `office.microsoft.com/de-de/web-apps/`

Selbst wenn Sie Ihre Mails über ein größeres Netzwerk (z. B. in der Firma) laufen lassen, kann das Apple-Programm *Mail* für Sie durchaus per *Exchange*-Funktion ein *Outlook*-Ersatz sein.

 Für einen detaillierten Einstieg in das Programmpaket empfiehlt sich auch das *Grundlagenbuch zu Office:mac 2011* von Horst Grossmann im *Mandl & Schwarz*-Verlag, welches Sie z.B. als eBook (PDF) erwerben können. Mehr Informationen sowie eine Leseprobe finden Sie hier: `www.mandl-schwarz.com/11/officemac`.

Wer »keine Lust auf Microsoft« hat, dem stehen auch Programm-Alternativen zur Textverarbeitung & Co. zur Verfügung. Eine Lösung heißt *Apache OpenOffice* und besteht aus Textverarbeitung, Tabellenkalkulation, Präsentationsmodul, Datenbank, Zeichenprogramm und Formeleditor. Hier gibt es eine Testversion: `www.openoffice.org/de/`, wobei Sie erst das Hauptprogramm und dann die »übersetzte Benutzeroberfläche« herunterladen müssen (diese Mühe ist es deswegen wert, da Sie ja so auch Kosten sparen).

Es gibt ein zweites (gerade wieder aktualisiertes) Office-Paket zum kostenfreien Download: *LibreOffice* (`http://de.libreoffice.org`). Auch dessen Unterprogramme *Writer, Math und Calc* können Sie auf dem Mac installieren.

Egal, ob *LibreOffice* oder *OpenOffice* – gerade deren Programme zur Textverarbeitung sind dann ideal, wenn Sie auf das *Microsoft*-Programm *Word* (vorerst) verzichten. Für *Excel* und *PowerPoint* haben wir aber eine bessere Empfehlung für Sie:

Tabellen kalkulieren und Layouts entwerfen – auch mit der Bürosoftware von Apple

Es gibt auch Bürosoftware von Apple direkt: Das *iWork*-Programmpaket enthält dabei drei Software-Anwendungen, die Sie einzeln jeweils kostenfrei im *App Store* herunterladen können, sofern Sie einen neuen Mac erworben haben (für alle anderen sollten die gut 18€ pro App auch nicht die größte Hürde sein):

- *Pages* zum Entwerfen von Layouts jeglicher Art

- *Numbers* als *Excel*-Ersatz zur Kalkulation innerhalb von Tabellen

- sowie *Keynote* als Software zur Erstellung von Präsentationen. Diese sind dann weitaus attraktiver, als Ihnen dies jemals mit *PowerPoint* gelingen könnte …

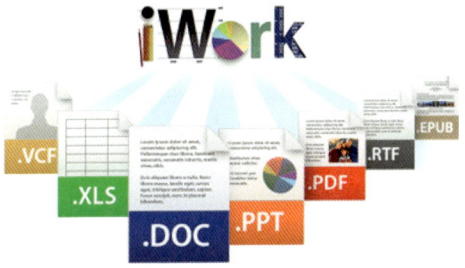

Das Schöne an *Numbers* und *Keynote* ist natürlich, dass diese – über das zuvor schon erwähnte ältere *97/98-Office*-Format – mit *Excel* und *PowerPoint* kompatibel sind. Auch lassen sich umgekehrt *Excel*- und *PowerPoint*-Daten, sofern sie vom Inhalt her nicht allzu kompliziert aufgebaut sind, öffnen.

Zugegeben: Für bisherige reine *Microsoft Office*-Arbeiter bedeutet der Workflow mit *iWork* eine größere Umstellung. Aber das Ausprobieren lohnt. Darüber hinaus gibt es auch für iPhone und iPad einzelnen Programm-Varianten von *Pages, Keynote* und *Numbers*. Weitere Details finden Sie auch unter `www.apple.com/de/iwork` und in unserem Buch zu »iWork und Apps in der Praxis« vom Autor Hans Dorsch.

Die Anbindung an die *iCloud* von Apple beschreiben wir im Nachfolge-kapitel dieser Fibel.

»Access adieu«: Datenbanken und mehr am Mac

Wer auf Windows seine Datenschätze sorgsam in *Microsoft Access* gehortet hat, kann am Mac »auf Erlösung hoffen«: Denn hier bietet die Firma *File-Maker* eine umfassende Lösung an, mit deren Hilfe Informationen kleinen und größeren Umfanges strukturiert und gepflegt werden können.

Die Datenbank-Lösung *FileMaker Pro* gibt es sowohl für Windows wie auch für den Mac – und die Transfermöglichkeiten Ihrer Daten aus *Access* sind spätestens hiermit kein Problem mehr. Auch dafür gibt es für die Apple-Geräte mobile Anwendungen – schließlich steht das »Pro« im Namen für »Professionell«. Für den Einstieg bieten Ihnen ein *FileMaker*-Grundlagen-buch unseres Autors Horst Grossmann, mehr Details über unsere Website.

Über www.filemaker.de/support/downloads lässt sich zu *FileMaker Pro* eine Demo-Version herunterladen. »Schnuppern kostet nichts …«

Und auch dies sei hier zusätzlich empfohlen: Als reine Windows-Anwendung hat sich *Microsoft Visio* als Standard etabliert. Auf dem Mac und am iPad können Sie Ihre Ideen fortan mit dem

Programm *Omnigraffle* visualisieren. Natürlich lassen sich dabei auch die *Visio*-Daten im- oder exportieren. Über die Seite `www.omnigroup.com` können Sie eine voll funktionale Demo-Version herunterladen, erst danach wird es mit der Kaufoption ernst.

Banking am Mac – sowie die leidige Steuerklärung

Überweisungen werden heute vorwiegend über das Online-Banking geregelt. Demzufolge ist es eigentlich unerheblich, ob Sie über einen Windows-PC oder einen Mac ins Internet gehen. Die Qual der langen Zahlenkolonnen dank IBAN (und optional BIC) bleibt Ihnen nirgends erspart. Entscheidend ist vielmehr der sorgsame Umgang mit den Konto-Zugangsdaten, hier wie dort. Auch der Einsatz mit HBCI-Chipkarten ist möglich, wobei sich immer eine konkrete Nachfrage bei Ihrer Bank lohnt.

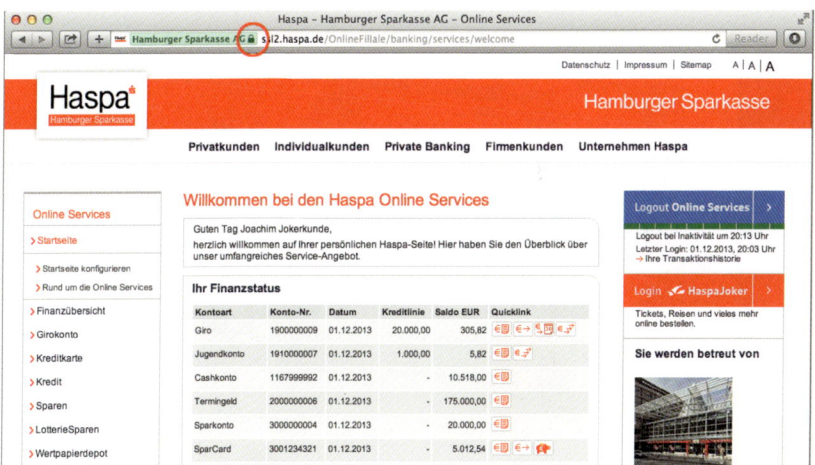

Achten Sie beim Online-Banking – wie im Bild – darauf, dass in der Adressleiste ein Schloss-Symbol auf grünem Grund abgebildet ist. Dann werden die eingegebenen Daten in *Safari* verschlüsselt übermittelt – dies garantiert ein Software-Zertifikat, das Sie sich mit Klick auf das Symbol (bei Interesse) aufrufen können.

Wer komplexe Finanzgeschäfte auf dem Mac abwickeln möchte, kann natürlich auf gesonderte Finanzsoftware zurückgreifen. Auch die unter Windows beliebte Finanzsoftware *StarMoney* ist am Mac einsetzbar, die Sie über den *App Store* für 20€ herunterladen können.

Wenn Sie im *App Store* rechts oben das Stichwort »Banking« eingeben, bekommen Sie Software wie *OutBank* oder *Bank X Home* empfohlen. Lesenswert dabei sind die Rezensionen, die meist eine gute Einschätzung auch von Kundenseite her geben. Zu beachten ist generell, dass die Gratis-Versionen für Privatnutzer weniger umfassend sind als die professionellen Lösungen z.B. für (auch kleinere) Unternehmen. Aber das ist ja nachvollziehbar.

Weitere Empfehlungen sind Apps wie *MoneyMoney* (`http://moneymoney-app.com`), *Pecunia* (`www.pecuniabanking.de`) oder *Centona* (`www.syniumsoftware.com/de/centona/`). Besuchen Sie doch bitte die jeweiligen Websites; dort können Sie meist auch eine Demoversion herunterladen.

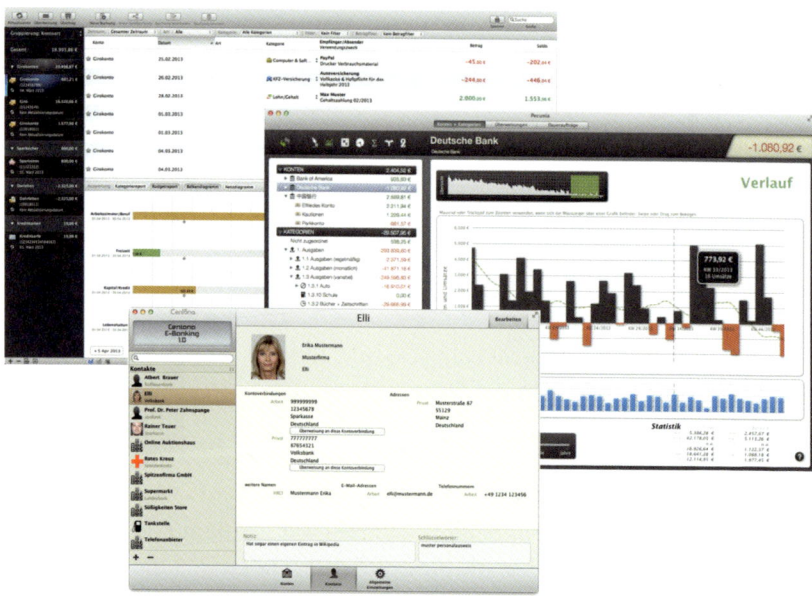

Nochmals zur Sicherheit der Hinweis: Für reine Überweisungen, also das »normale Online-Banking«, benötigen Sie keine gesonderte Software. Dies können Sie ganz einfach per PIN / TAN (bzw. *mobilTAN* über Ihr Handy, welches nur deswegen kein Smartphone sein muss) über den Browser an Ihrem Rechner erledigen.

Schlussendlich muss aber auch die Steuererklärung irgendwann einmal erstellt werden. Mittlerweile ist der Umweg über Windows auf dem Mac nicht mehr nötig, da es zwei reine Apple-Anwendungen auf dem Markt gibt: Der Hersteller *Buhl data* bietet die Software *WISO steuer:Mac* (www.wiso-steuer-mac.de) sowie die *Akademische Arbeitsgemeinschaft* www.akademische.de) das Produkt *Steuer-Spar-Erklärung* an. Letztere soll sogar die von Windows angelegten Sicherungsdateien lesen können. Bitte achten Sie darauf, ob Sie dabei ein (vielleicht nicht geplantes) Abo abschließen.

Darüber hinaus wären auch reine Online-Lösungen wie steuerfuchs.de oder lohnsteuer-kompakt.de erwägenswert, die für eine Gebühr (ohne Abo) Ihre Daten per Internet erfassen und von sich aus an das Finanzamt weiterleiten. Dafür braucht es aber »Vertrauen«, die Zahlen preiszugeben.

Eigentlich ist der »Weg zum Finanzamt« nie besonders begehrlich. Früher hing dies für Mac-Nutzer auch damit zusammen, dass das nur mit dem zeitweilig unsicheren Programm *Java* möglich war.

Seit Mitte 2013 lässt nun nun das *ElsterOnline*-Portal des deutschen Finanzamts nutzen, sofern Sie sich per Software-Zertifikat anmelden (die Signaturkarte oder der Sicherheitsstick sind zumindest zum jetzigen Zeitpunkt noch nicht freigeschaltet). Noch dazu verlangt das Finanzamt einen Browser wie *Chrome (Safari* wird bislang nicht unterstützt). Dennoch ist dies ein bemerkenswerter Fortschritt auch seitens der öffentlichen Behörden – schließlich zwingen sie auch gerade Unternehmen mehr und mehr zur »papierlosen Kommunikation«.

Allerdings lässt sich z. B. direkt über das Programm *Steuererklärung* – ein weiteres Programm für den Mac (www.einkommensteuer-app.de) – zusammen mit diesem Software-Zertifikat (und ohne *Java!*) selbige gleich direkt ans Finanzamt melden.

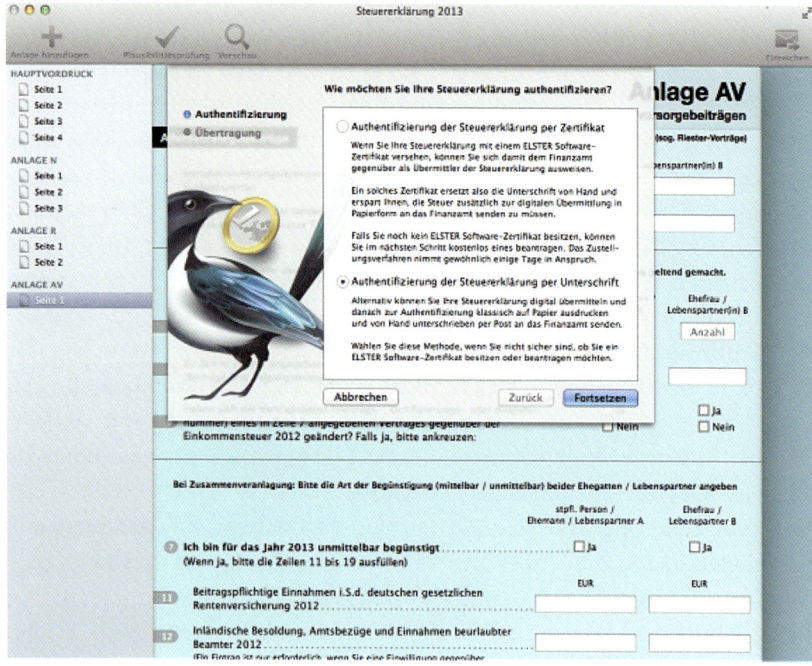

Im folgenden Kapitel erfahren Sie, wie Sie die Datenwolke für sich nutzen, aber gleichzeitig den Datenschutz bestmöglich berücksichtigen.

iCloud – so werden Ihre Daten mobil: Bilder, Texte & Kontakte abgleichen

Das digitale Leben – einfach organisiert

Wenn wir Ihnen nun »verraten«, dass Sie die *iCloud* auch auf Windows nutzen könn(t)en, hoffen wir nicht, dass Sie dann die Fibel zuklappen und beim PC bleiben … Nein, dort ist die *iCloud* vielmehr dann nützlich, wenn Sie den Windows-Rechner im Verbund mit weiteren Apple-Geräten nutzen. Ein typisches Beispiel ist das iPhone, über das Sie im Zusammenspiel mit einem Windows-Rechner Daten abgleichen. Und nur auf den Apple-Geräten reizen Sie die Möglichkeiten der Datenwolke von Apple voll aus. Wie das geht, erfahren Sie hier.

Die Philosophie der *iCloud* liegt darin, dass der Nutzer seine persönlichen Inhalte – und damit oftmals einen guten Teil seines »digitalen Lebens« – nicht nur auf einem Rechner verwalten will. Wenn sich z. B. die Mobilfunknummer eines Freundes schon wieder ändert, sollten Sie diese als Beispiel nur einmal an einem Gerät eingeben müssen. Anschließend wird dies dann automatisiert auch auf möglichen anderen Geräten automatisch geändert. Dies ist also eine Frage der Bequemlichkeit. Dennoch gibt es noch einige Zusatzfunktionen mehr, die uns den Weg in die *iCloud* versüßen sollen.

Fakt ist, dass das eigenhändige Abgleichen von aktuellen Informationen – im Technik-Deutsch nennt man dies »synchronisieren« – ohne eine solche übergreifende Funktion im »wahren Leben« früher nie richtig geklappt hat. Letztlich spart dies wirklich Zeit und Nerven.

Allerdings sei gleich vorangestellt, dass Apple das eigenhändige Abgleichen von Informationen (ganz klassisch per Kabel zwischen den Geräten) seit *OS X Mavericks* und *iOS 7*, der aktuellen Betriebssystem-Version für Mobilgeräte, gar nicht mehr anbietet. Man muss, um einen Informationsbestand auf dem Laufenden zu halten, über das Internet auf die *iCloud* gehen, deren technische Heimat in den

Vereinigten Staaten liegt. Wir hatten dies hier schon erwähnt: Für alle, die z. B. beruflich Datenschutz gewährleisten müssen, empfehlen sich weitere Maßnahmen wie die Verschlüsselung, auf die wir im *Grundlagenbuch zu Mavericks* eingehen. Für den persönlichen Einsatz im Alltag ist die *iCloud* durchaus zu empfehlen und sicher vor dem Zugriff Dritter.

Persönlichen Zugang einrichten – mit Bedacht

Hier vorsorglich nochmals der Tipp: Sollten Sie etwas Grundlegendes neu einrichten an Ihrem Mac, rufen Sie zuvor immer erst die *Softwareaktualisierung* auf. Damit gehen Sie auf Nummer sicher.

- Klicken Sie dafür oben links am Bildschirmrand auf das kleine Apple-Symbol und wählen Sie im aufklappenden Menü den Punkt *Softwareaktualisierung*.

- Dort klicken Sie dann in der Symbolzeile auf *Updates* und bringen bei vorliegenden Aktualisierungen Ihren Rechner auf Vordermann.

Die *Softwareaktualisierung* läuft den »lieben, langen Tag« sonst auch im Hintergrund und meldet sich bei Bedarf. Hier geht es nur darum, vor allfälligen Veränderungen ganz bewusst sich zu vergewissern, dass der Mac uptodate ist.

Wählen Sie anschließend über das *Apple*-Menü den Punkt *Systemeinstellung* und klicken dann in der dritten Symbolzeile auf *iCloud*. Anschließend müssen Sie sich mit Ihrer *Apple-ID* anmelden oder – falls Sie noch keine haben – auf *Neue Apple-ID erstellen* klicken.

Für alle, die als Erstes in dieses Kapitel hineingesprungen sind: Die *Apple-ID* kostet nichts, ist aber Ihre Eintrittskarte, um überhaupt etwas bei Apple einkaufen zu können. Beispiele sind gekaufte Musik und Filme aus dem *iTunes Store*, Bücher aus dem *iBooks Store*, Mac-Programme aus dem *Mac App Store* (bzw. *App Store* für die mobilen Anwendungen). Auch für die Videotelefonie zwischen Mac, iPad und iPhone mit *FaceTime* wird sie benötigt.

Bei der Neuanmeldung müssen Sie Geburtsdatum und Ihr Herkunftsland angeben. Wenn Sie ein gutes Gedächtnis haben, kann es auch eine »optionale Version« sein. Schließlich geht es hier nur darum, den Schutz vor »nicht altersgerechten Inhalten« zu gewährleisten (was ja prinzipiell ok ist) oder »nicht landesgerechte« Inhalte auszuschließen (was gern zu diskutieren wäre, wenn auch nicht an dieser Stelle). Auch als Sicherheits-Abfrage wird das Geburtsdatum manchmal benötigt.

Im Anschluss können Sie entweder eine bestehende E-Mail-Adresse verwenden oder eine Gratis-E-Mail-Adresse von Apple »erschaffen«. Wenn Sie Ihre Mails geräteübergreifend pflegen wollen – also auch auf iPad & Co. –, so empfiehlt sich in jedem Fall eine neue *iCloud*-Mailadresse. Zur Beachtung: Dies ist dann Ihre generelle Kennung auf Ihrem neuen Mac und auch kommenden Geräte-Generationen. Das Passwort erfordert von Ihnen diese Bedingungen:

- mindestens acht Zeichen und
- mindestens eine Zahl, einen Groß- und einen Kleinbuchstaben.

Schreiben Sie sich diese Kennung gleich auf einen Zettel (später für Ihren Safe oder den Schuhkarton mit der Aufschrift »Wichtige Sachen«).

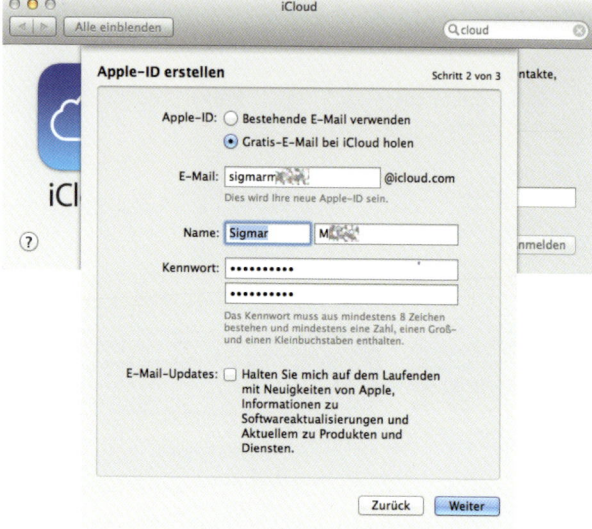

Danach kommen noch drei personalisierte Fragen nach z. B. Eltern, Traumberuf oder/und nach dem Lieblingslehrer, bei denen Sie die Antworten festlegen können. Dies hilft Ihnen in einem Moment der Schusseligkeit, falls Ihnen das Passwort nicht mehr einfällt, damit Ihnen Apple dann wieder schrittweise Zugang zu Ihrem Konto gewähren kann.

Bitte hinterlegen Sie dort auch eine zweite Mailadresse – entweder von sich selbst oder aus Ihrem direkten persönlichen Umfeld. Auch dies hilft Ihnen im Zweifel, bei »zeitweiliger Amnesie« wieder an Ihre Daten heranzukommen. Der Inhaber dieser Zweit-Mail-Adresse wird daraufhin angeschrieben und muss den Erhalt per Klick bestätigen. Allerdings sollten Sie weitere Erkennungshürden aufstellen wie gleich beschrieben.

Der nächste Punkt ist die Auswahl der Basisdienste, wobei Sie dies auch später noch festlegen können. Speziell bei »*Meinen Mac suchen*« *verwenden* kann Ihnen dies helfen, falls Ihr Rechner (vorzugweise bei Laptops) gestohlen wird und dieser (über die Standortdaten der umliegenden WLANs) ungefähr lokal eingegrenzt werden kann. Tendenziell ließe sich so – bei schneller Reaktion – »fernsperren« oder gleich ganz löschen. Schaden kann diese Funktion mit dem Radar-Symbol also bei Mobilrechnern wohl kaum.

Anschließend kommen wir zum bereits erwähnten Sicherheitscode. Wünschen Sie es nun wirklich, dass Ihre Passworte sowohl auf dem Rechner wie auch auf möglichen weiteren Apple-Geräten, die mit Ihrer *Apple-ID* verbunden sind, untereinander abgeglichen werden, dann wählen Sie bitte unbedingt *Weitere Optionen*. Darüber können Sie dann zumindest einen komplexeren Sicherheitscode festlegen. Zwischendurch werden Sie auch nochmals nach Ihrer *Apple-ID* und dem Kennwort gefragt.

Dieser Sicherheitscode ist noch wichtiger als die *Apple-ID*. Bitte also unbedingt auch diesen notieren und gut verwahren. Denn im Notfall kann Ihnen selbst der freundliche Apple-Mitarbeiter hier nicht mehr weiterhelfen – was prinzipiell beruhigend ist, da es um ureigenste persönliche Daten geht. Und um es nochmals zu widerholen: Ein Sicherheitscode aus nur vier Zeichen wäre im Zeitalter der Hochtechnologie zu schnell zu knacken. Die komplexere Alternative ist ein Sicherheitsminimum. Auch hier gilt wieder der gebotene Mix aus Zahl, Groß- und Kleinbuchstabe. Die Verschlüsselung liegt dann auf Ihrem Rechner (und nicht in der *iCloud).*

Auch Apple hat nun – zu Ihrer Sicherheit – dazugelernt und fordert in einem letzten Schritt die Nummer eines beliebigen Mobiltelefons, das sich generell in Ihrer Nähe befinden sollte. Dorthin geht eine SMS mit einem sogenannten Verifizierungscode, sobald sich jemand auf einem anderen Gerät mit dieser von Ihnen vorher festgelegten Zahlenkennung anmelden will. Auch das schützt Sie vor unberechtigten Zugriffen in der *iCloud*. Man nennt dies dann auch die »Zwei-Wege-Authentifizierung«.

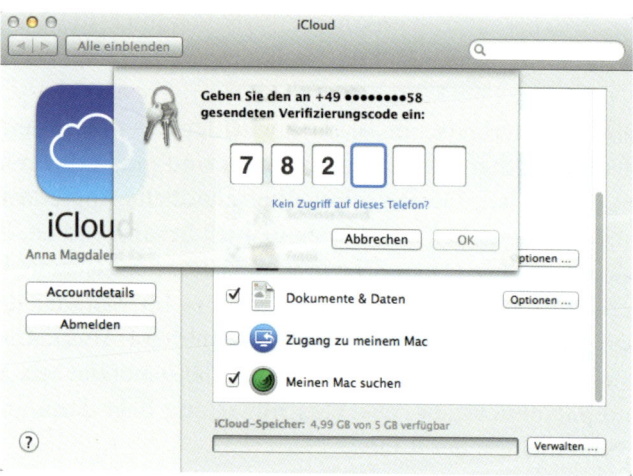

Halten wir zwischenzeitlich fest: Die *iCloud* bietet durchaus komplexere Verschlüsselungsmaßnahmen, die Sie auch nutzen sollten. Wer und wann im Mutterland der *iCloud*, den U.S.A., was von den Überwachungsbehörden her mitliest, scheint allgemein – egal ob Windows oder Apple – heutzutage nicht mehr ausgeschlossen. Auch *Google* ist ja als »übereifrig interessierter« Datendienstleister berüchtigt. Dass die Daten vor Dritten (Nachbarn, Konkurrenten etc.) »sicher« sind, lässt sich dennoch somit bestätigen. Darüber hinaus geht es natürlich um die Art der Nutzung. Wo hier der Mehrwert liegt, beschreiben wir jetzt.

Was kann die Cloud für mich tun?

Nun haben Sie Speicher in der Wolke von Apple, der *iCloud*, für sich reserviert. Aktuell sind dies 5 Gigabyte. Das reicht prinzipiell für den Heimbedarf aus, kann aber auch gegen Aufpreis ausgebaut werden. Da Apple selbst ein »vitales Interesse« daran hat, mehr und mehr Nutzer zu sich in die Cloud zu holen, sind wir recht sicher, dass die kostenlosen Grundkapazitäten schrittweise erweitert werden (der Wettbewerb schläft nicht).

Mail, Kontakte, Kalender, Erinnerungen & Co.

 Unter *OS X* erhalten die Punkte *Mail, Kontakte, Kalender, Erinnerungen* und *Notizen* jeweils einen eigenen Eintrag zum De-/Aktivieren. *Mail* zeichnet sich letztlich dafür verantwortlich, dass die E-Mails Ihres *iCloud*-Accounts per Synchronisierung auf all Ihren Geräten immer aktuell vorliegen. *Kontakte* sowie *Kalender* dürften klar sein: Fügen Sie innerhalb Ihres *iCloud*-Accounts eine neue Adresse (über *Kontakte*) ein oder schreiben Sie einen Termin in Ihre *Kalender*-App, so werden diese Daten ebenso auf alle anderen Geräte übertragen, die unter derselben *Apple-ID* laufen. Das Gleiche gilt auch für *Erinnerungen* (unter »Outlook« *Aufgaben* genannt) sowie *Notizen*.

Lesezeichen, die sie im Browser *Safari* anlegen, werden ebenso synchronisiert und stehen Sekunden später auf anderen Macs oder Ihren Mobilgeräten zur Verfügung. Das geht sogar so weit, dass selbst geöffnete Tabs (also aufgerufene Webseiten) abgeglichen werden. So können Sie beispielsweise Zuhause eine bestimmte Internet-Adresse ansurfen und diese dann auch nahtlos mobil (etwa in Bus und Bahn) weiter studieren. Klicken Sie dafür immer auf das Wolken-Symbol am jeweiligen Gerät.

Sofern Sie auch unter Windows mit der *iCloud* arbeiten und ebenso den Lesezeichenabgleich in Anspruch nehmen möchten, so können Sie das über die Browser *Internet Explorer, Mozilla Firefox* oder *Google Chrome* erledigen. Letztere beiden benötigen für die Synchronisierung jedoch eine Browser-Erweiterung: Im Falle von *Google Chrome* suchen Sie bitte über *Apps anzeigen | Store* nach dem Begriff »iCloud-Lesezeichen« (bitte darauf achten, dass die Erweiterung von *Apple Inc.* stammt). Bei *Firefox* starten Sie über *Extras | Add-ons* den *Add-ons-Manager* und suchen ebenso nach »iCloud-Lesezeichen«. Installieren Sie die nötige Erweiterung und künftig werden Ihre Lesezeichen mit *Safari* auf dem Mac oder einem *iOS*-Gerät wie iPad, iPad oder iPod touch abgeglichen.

Sobald Sie sich von der *iCloud* abmelden möchten, erhalten Sie verschiedene Meldungen. So haben Sie beispielsweise die Möglichkeit, eine Kopie

Ihrer *iCloud*-Kontakte auf dem Rechner zu behalten, verlieren jedoch jene *Kalender* und *Erinnerungen*, die Sie über *iCloud* angelegt haben, da diese vom Mac gelöscht werden. Das Gleiche gilt für *iCloud*-Fotos, die noch nicht über den *Fotostream* importiert wurden sowie für Dokumente und Daten, die in der *iCloud* liegen. All diese Daten werden zwar vom aktuellen Rechner gelöscht, bleiben jedoch in der *iCloud* bzw. auf jenen Geräten, die unter dieser *Apple-ID* angemeldet sind, weiterhin erhalten.

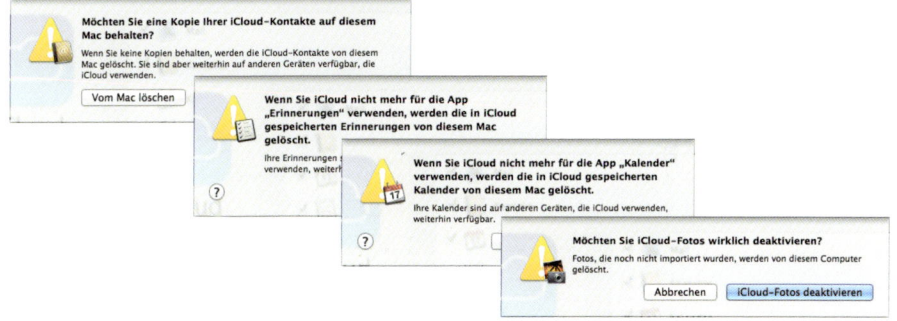

 Nichtsdestotrotz ist das alles kein Beinbruch: Denn sofern Sie sich später erneut anmelden, werden die Daten wieder auf den Mac transferiert.

Bilder teilen – per Fotostream und Freigabe

Mit einem iPhone – was wir zumindest als Beispiel hier voraussetzen – werden gern und viele Fotos geschossen. Auf Bilder-Foren im Internet ist dies das Schnappschuss-Werkzeug Nummer 1. Um die Fotos nicht erst umständlich zu transferieren, bietet sich der in Apple integrierte »Bilderstrom« (englisch: *Fotostream)* an. Aber auch vom Mac aus lassen sich Bilder teilen.

Voraussetzung für das automatische Bilderteilen ist, dass alle Geräte unter eine *Apple-ID* laufen. Sobald Sie z. B. am Mac die kostenlose App *iPhoto* (oder auch *Aperture* als Profiversion) aufrufen, klicken Sie links im Bereich *Freigabe* auf *iCloud*. Anschließend aktivieren Sie die Bilderwolke per Klick auf *iCloud verwenden*.

Sowohl über die *iCloud-Einstellungen* auf *iOS*-Geräten als auch auf dem Mac über die *iPhoto-/Aperture*-Einstellungen können Sie es einrichten, dass vorerst nicht alle Bilder, die Sie in *iPhoto/Aperture* importieren oder mit iPhone & Co. anfertigen, automatisch auch in die *iCloud* geladen werden. Oftmals möchte man direkt nach dem Import erst einmal »aussortieren«. So behalten Sie die Kontrolle.

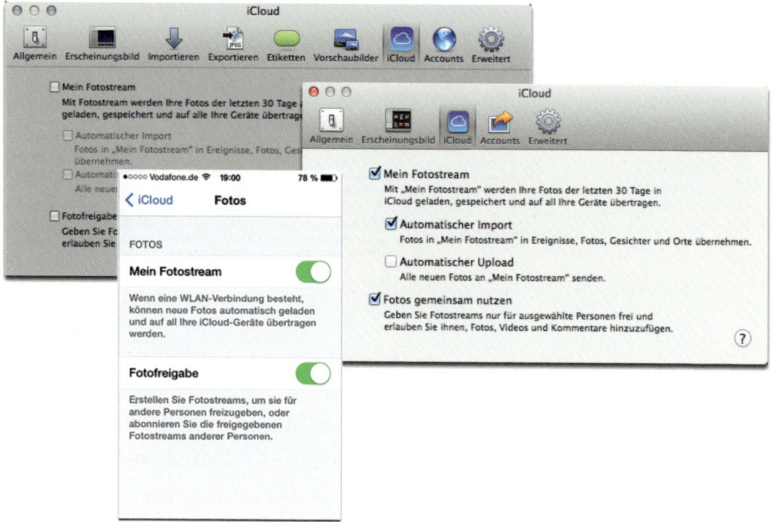

Über die *iCloud* lassen sich Bilder schnell von Ihnen veröffentlichen. Nachdem Sie etwa in *iPhoto* eine Bild-Auswahl getroffen haben, können Sie rechts unten im Fenster über *Bereitstellen | iCloud | Neuer Fotostream* diese Fotos Ihrem Freundeskreis über das Internet zur Verfügung stellen: Wählen Sie dann Personen aus Ihrem Adressbuch aus (das ist immer der Königsweg), betiteln Sie Ihr »Event« und bestimmen Sie, wie weit diese selbst noch einen Anmerkung zu Ihrem virtuellen Bilderberg hinzufügen können. Auch kleine Videos – schnell mal mit der Digitalkamera gedreht – können Sie hierüber präsentieren.

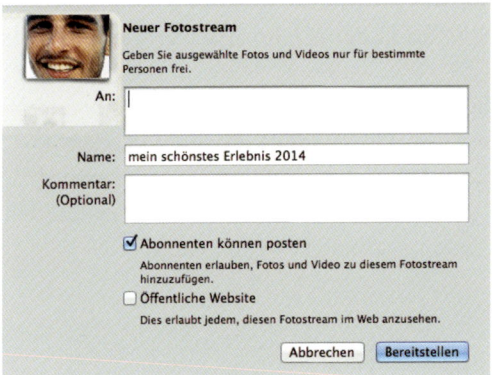

 Die standardmäßige *Bereitstellen*-Option über *iCloud* beinhaltet nicht, dass die Bilder gleich öffentlich sind (das müsste separat angeklickt werden). Und das ist auch gut so.

Die – naturgemäß großen – Bilddaten per *Fotostream* rauben Ihnen über die *iCloud* keinen Speicherplatz. Apple lässt dort immer die aktuellsten 1000 Bilder 30 Tage unberücksichtigt. Sie sollten sie allerdings in diesem Zeitraum auf Ihren Rechner – sofern Sie von externen Quellen wie dem iPhone stammen – speichern. Dafür ist der *Fotostream* allemal gut geeignet.

Zu *iPhoto* gehören jede Menge Bildbearbeitungs-Werkzeuge und Zusatzfunktionen. Ein Blick auf das gleichnamige Buch von Daniel Mandl (zu dem der Verlag auf seiner Website eine Leseprobe bereithält) kann sich durchaus lohnen …

Dokumente und Daten über die Wolke

In den *Systemeinstellungen* können Sie bei *iCloud* auch die Option *Dokumente & Daten* aktivieren. Stellen Sie sich dieses fortan als Ihren »virtuellen USB-Stick« vor. Eine Besonderheit ist, dass dieser Speicherplatz direkt mit einigen Programmen auf Ihrem Mac verbunden ist. Dies wäre eine Mac-Alternative zu der Ihnen vielleicht schon bekannten Online-*Dropbox*. Möchten Sie z. B. aus den beiden gängigen Apps *Vorschau* (Bilder) oder

TextEdit (Texte) etwas abspeichern, werden Sie grundsätzlich gefragt, ob die Daten hierbei etwa in der *iCloud* abgelegt werden sollen.

Aber auch für die *iWork*-Programme *Pages, Keynote* und *Numbers* hält der Mac in der *iCloud* stets etwas Speicherplatz reserviert. Das hat einen ganz besonderen Grund: Diese drei Gratis-Apps gibt es auch für das iPad und iPhone, so dass wiederum »daheim und unterwegs« an den jeweiligen Dokumenten und Daten gearbeitet werden kann.

Spannend ist auch die Option, bei gestarteter *iCloud* in das jeweilige Browser-Fenster Dokumente aus *Microsoft Word* (dann in *Pages), Keynote* (für *PowerPoint)* und *Excel* (für *Numbers)* hineinziehen zu können, um diese dann in den *iWork*-Programmen weiterzubearbeiten. Allerdings darf nach unserer bisherigen Erfahrung die Ausgangsdatei inhaltlich nicht zu »komplex« aufgebaut sein, da sonst technisch-inhaltliche Übersetzungsfehler auftauchen.

Und die Daten lassen sich aus *iWork* auch wieder beispielsweise als *Office*-Datei oder als PDF exportieren.

 *iWork in der Cloud* ist trotz ausgefeiltem Betriebssystem *Mavericks* zum Zeitpunkt dieser Bucherstellung noch in der Entwicklungsphase, also im »Beta-Stadium«. Das kommuniziert Apple ganz offen. Lassen wir uns überraschen, was da noch kommt.

Um die Vorfreude noch etwas zu schüren: *iWork*-Dokumente können auch »live« über das Internet gemeinsam bearbeitet werden. Das bringt das Teamwork auf einen neuen produktiven Level, indem man sofort sieht, was der andere da im Dokument so fabriziert.

Deutlich wird aber, dass Apple mehr und mehr den Rechner an die Anwendungen von den mobilen Geräten heranbringen will – die Plattform selbst ist dann eben die *iCloud*.

Musik – iTunes als Partner der iCloud

Kennen Sie *iTunes* schon von Windows? Dies war ja die Multimedia-Zentrale im Abgleich mit Apples mobilen Geräten. Mit *iTunes* konnten Sie Ihre Musik-CDs digitalisieren, externe Musikquellen importieren oder gleich im *iTunes-Store* einkaufen. Darüber hinaus gibt es natürlich noch jede Menge Videos, Fernsehfilme, Podcasts und vieles mehr.

Die *iCloud* ergänzt auf dem Mac einige attraktive Funktionen: So können Sie Ihre manchmal doch recht umfassende Musiksammlung über *iTunes Match* für ca. 25€ pro Jahr in die Wolke heben. Das Abo ist bis 1 Tag vor Jahresablauf recht fair kündbar. Keine Sorge, Ihre Musik bleibt dabei auf dem Rechner gespeichert. *iTunes Match* gleicht Ihre Bibliothek mit den riesigen Musikbeständen bei *iTunes* ab und lädt dann nur die Songs in die *iCloud*, welche sich nicht bei *iTunes* finden.

Ihr erster Vorteil: Oftmals ist die digitalisierte Qualität einer alten Musik-CD schlechter als die *iTunes-Match*-Version; Ihre Songs sind dann natürlich in der Wolke von besserer Qualität. Allerdings gibt es auch Mindestvoraussetzungen zur Art der Musikdatei, worauf wir im *iTunes mit iOS*-Buch von Daniel Mandl im Detail eingehen. Der zweite Benefit liegt darin, dass Sie die Musikdaten auf bis zu zehn Macs, Windows-Rechnern oder mobilen Apple-Geräten abspielen lassen können. Über Apple TV können Sie dann Ihre Medien auch auf dem heimischen Flachbild-Fernseher genießen.

Ein Apple-Projekt in nicht allzu ferner Zukunft ist *iTunes Radio*. Dieses ist zwar generell kostenfrei, aber noch nicht überall in Europa (wie z. B. bei uns) zu haben.

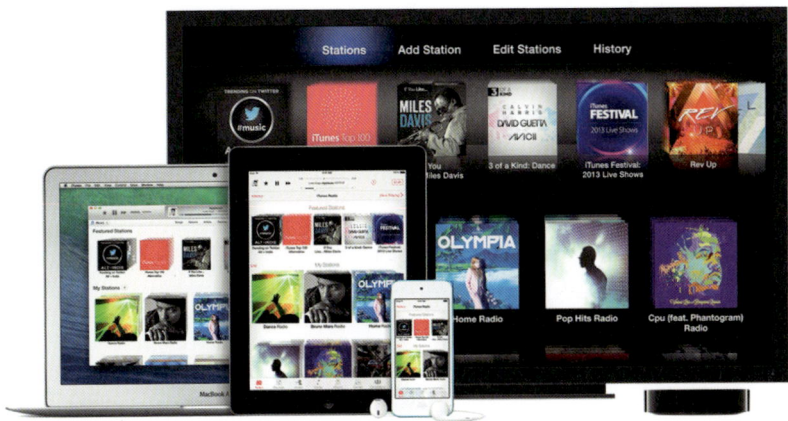

Allerdings dürfen sich alle Nutzer, die *iTunes Match* abonniert haben, darüber freuen, dass sie nicht »wie der Rest« dann alle 15 Minuten mit Werbung beträufelt werden. Der Vorteil von *iTunes Radio* ist, dass dies perfekt ins Ökosystem von Apple integriert sein wird. Wer einen Blick über Apples Tellerrand werfen will, dem sei auch z. B. der Dienst *Spotify* empfohlen.

Mit dem Mac mobil: »Wo ist mein Computer?«

Gerade wenn Sie einen mobilen Rechner besitzen und dieser abhanden kommt, ist die *iCloud*-Funktion *Meinen Mac suchen* ein möglicher Rettungsanker (auch wenn die Diebe immer dazulernen…). Voraussetzung hierbei ist, dass Sie zum einen die Such-Funktion in der Systemeinstellung *iCloud* aktiviert haben. Zum anderen müssen die Ortungsdienste in der Systemeinstellung *Sicherheit* und dort unter dem Reiter *Privatsphäre* eingeschaltet sein. Ist Ihr Apple-Rechner verschwunden, so besuchen Sie die *iCloud*-Webseite und dort die Anwendung *Mein iPhone suchen* – das sich auf das Gerät bezieht, welches mit Ihrer *Apple-ID* angemeldet ist, hier also Ihr Mac.

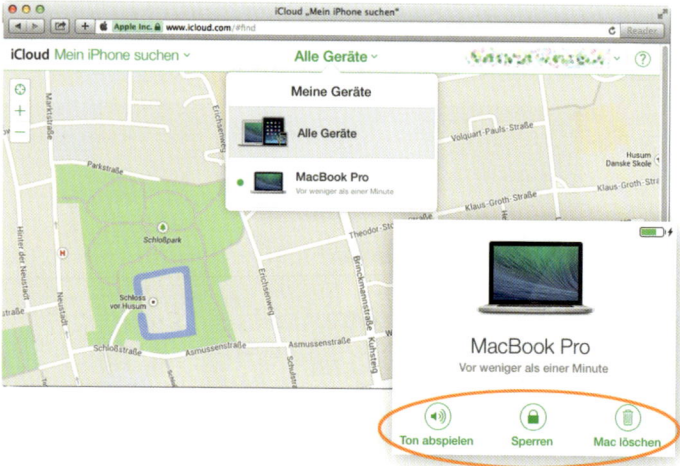

Alternativ geht die Suche nach Ihrem Rechner natürlich auch über ein *iOS*-Gerät wie z. B. ein iPad, das die Suchfunktion besitzt. Diese App *Mein iPhone suchen* können Sie kostenfrei über den *App Store* beziehen.

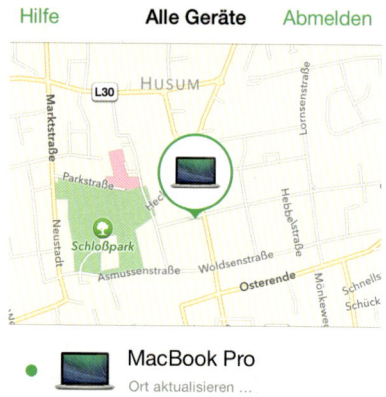

Und siehe da: Über unser iPad mit installierter *Mein iPhone suchen*-App wird unser MacBook Pro geortet. Wir können Ihnen aber versichern, dass dieses rechtlich einwandfrei erworben wurde ;-)

Apple weist darauf hin, dass die App *Mein iPhone suchen* nur korrekt funktioniert bzw. ein anderes Gerät aufspüren kann, wenn dieses sowohl eingeschaltet und mit einem registrierten WLAN-Netzwerk verbunden ist. Bei Geräten mit Mobilfunk-Anbindung müssen diese über einen aktiven 3G-Tarif verfügen.

Das Gleiche in Grün gibt es im Übrigen auch als App *Meine Freunde suchen*. Darüber lässt sich Ihr Standort von Freunden und Verwandten und allen, die ebenso diese App installiert haben, verfolgen. Umgekehrt klappt das natürlich auch, indem Sie entsprechenden Personen eine Anfrage schicken und darin bitten, ob diese ihre aktuelle Position freigeben möchten. Ist dem so, so dürfen Sie sich fast wie eine Geheimdienstzentrale fühlen, die ihre »Hallodris« auf Schritt und tritt verfolgt …

Meine Freunde suchen läuft unter der Kategorie »Soziale Netze« und ist wohl vor allem für die junge Generation gedacht, die gerade zufällig – was wohl eher unwahrscheinlich ist – nicht über *Facebook, Twitter, WhatsApp & Co.* verbunden ist.

Fazit: Die *iCloud* ist also einerseits für den einfachen Abgleich von Daten zwischen den Apple-Geräten verantwortlich. Andererseits können Sie auch von unterwegs in die *iCloud* »hineinsehen«, indem Sie z. B. in einem Internet-Shop sich dort anmelden: `www.icloud.com` – auch können Sie dann wie erwähnt in Ihren dort abgelegten *iWork*-Daten arbeiten.

Sicher wieder abmelden: Kontrolle per iCloud

Ganz wichtig: Stellen Sie abschließend sicher, dass auch niemand anderes auf Ihre *iCloud* zugreift. Gehen Sie dazu auf der *iCloud*-Webseite rechts oben unter Ihren Namen und wählen Sie *Account-Ein-*

stellungen. Anschließend klicken Sie auf *Erweitert* und *Bei allen Browsern abmelden.* Dies dient zusätzlich Ihrer Sicherheit.

An dieser Stelle danken wir Ihnen für Ihre Aufmerksamkeit. Wir hoffen dass Ihnen der Wechsel von Windows auf den Mac gut gelingen wird. Für ein direktes Feedback via Mail sind wir immer dankbar – selbst wenn wir keinen technischen Einzelsupport leisten können. Bitte besuchen Sie auch unsere Website, falls Sie auf der Suche nach weiterer anregender Lektüre sind …

Michael Schwarz & Daniel Mandl

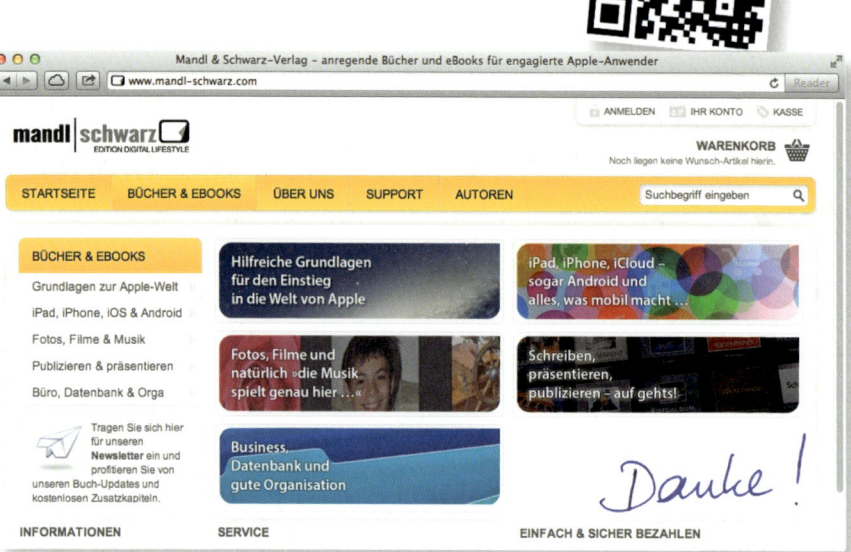

Detailliertes Stichwortverzeichnis
[mehr Infos: www.umsteigefibel.de]

Vielen Dank für Ihre Aufmerksamkeit!
Weitere Infos: www.umsteigefibel.de